「難民」とは誰か

Who Is a 'Refugee'?: 34 Essential Lessons for Emerging Scholars and Informed Citizens

本質的理解のための34の論点

Koichi Koizumi
小泉康一

明石書店

はしがき

近年、欧州へ流れ込む難民が激増し、「難民危機」と呼ばれて、国際社会の大きな関心を集めた。欧州難民危機では、欧州各国の間で、難民や庇護申請者（難民への認定の申請者）に対する庇護責任の分担が十分に行われず、現在のダブリン制度では、ＥＵ（欧州連合）加盟国の間で効果的に分担するためのルールが十分に整備されていないことが明らかになった。

ダブリン条約（一九九〇年制定、一九九七年発効）に基づくこの制度は、当時のＥＣ（欧州共同体）を経て、現ＥＵの政策執行機関である欧州委員会が難民庇護上の連帯を義務づけるために導入したものだが、そうした協力をＥＵの加盟国に課すことに対して潜在的な弱さがあった。同委員会によって義務についての再確認が試みられたにもかかわらず、たとえばハンガリーは庇護政策に強硬に反対して、二〇一五年以来、同国の首相は難民や庇護申請者への対応を制度前に後戻りさせてきた。

問題は、ダブリン制度の文言が曖昧で、欠けているのが果たしてルールそのものなのか、それとも措置を効果的にとるための具体策なのか、が評価しにくい点にあった。

この制度によって生じた難民（シリア難民をふくむ）への欧州の国々のバラバラな対応に対して、欧州以外の国々の関係者が冷笑的になるのは当然かもしれないが、むしろ代わりに、より広く、難民への公共意識を再度組み直す機会としてこの事態を活用すべきだと思われる。それによって、アフリカ、中東、アジアなど、他の紛争地帯から逃げる人々へ、より広く強い共感と関与をもてるような契機とする必要がある。

現代世界の一般的事情

世界的に見て、難民人口は低所得から中所得段階までの国々に集中し続けており、彼らは自らが希望する目的国に、様々な文化を背負って移動している。この傾向は、頻発する現代の紛争を反映して原因国の数を増大させながら、同時に目的国の数を徐々に増やしている。

国際機関、たとえば国連難民高等弁務官事務所（ＵＮＨＣＲ）が発表する数字は、難民の所在を示す一方、こうした発表には数のうえで現実として大きなギャップが見られる。多くの統計では居住する場所での分類の仕方が不明確なままであり、人数の数え方が部分的に曖昧である。現地では十分な説明なしに、新たな分類法が突然、実行されている。

先年の「欧州危機」の際、庇護申請者が小船で殺到したギリシアでは、政府がその後、庇護申請者の数は減少し、移住管理が回復されたと宣言したが、現実には同国が申請者の受け入れを制限し、難民や庇護申請者の権利を損なっただけだった。

国際機関の報告ではギリシアに限らず、概して難民の国外追放、勾留やキャンプ収容が起こっているが、庇護申請数や難民の到着数の減少にはつながらず、逆に、密輸業者による不法入国が流入人口の増大をもたらしている場合もある。

ベネズエラからの避難民は、UNHCRにより公式的に、法的な難民とはみなされなかった。域内の調整機関が代わりに、受け入れ国へのベネズエラ人の安全で秩序だった移動に関与しているものの、その難民認定制度は、現状では国際的にも国内的にも、標準的な手続きを欠いている。

一般に労働市場への難民の参加数が少ないのは、彼らの入国を阻止する一方、雇用政策上で国民とのあつれきを避けたい受け入れ国のしたたかな計算がある。たとえば、庇護申請者は国際法上、社会的、経済的権利をもつとされているにもかかわらず、アメリカは庇護申請者の労働権を制限している。

また、難民や庇護申請者の経済的権利が曖昧なのは、そもそも難民と経済移民の境界が判然とせず、難民や庇護申請者の働く権利の保護を複雑にしているからである。いわゆる「混合移住」の問題である。

「混合移住」の用語は、一般には経済的理由で移動する人々と、政治的な理由で国境を越えて移動する難民の人々を表すのに使われている。この用語はまた、家を離れる多くの個人的移民が、移動（本書では「移動」と「移住」を同義として併用する。ただし、移動は理論的・抽象的な文脈で使用し、移住はより実際的な場面を意識して使う）の際に互いに混じり合うようになる根拠を示している。実際、人々が迫害を逃れ、かつより良い機会を求めて、「移民」となって移住することは可能である。事実、多くの人々が過去、そのようにして移動している。

近年では世界中の政府が、新規に入国する人の数を抑制しているので、各国政府は政策を正当化するため、移動における混合した性格を自己流に解釈し、分類し、政策的に対応しようとしている。欧州には、一時居住の人々に恒久的な居住を保証せず、「一時保護」を継続している国が多い。一時保護は典型的には、一般的暴力、もしくは大規模な人権侵害の状況に関連づけて適用されている。実際、それらが起これば、大規模な避難を生じるのがつねであった。

「大量流入」した人々に対して欧州の国々は、難民に一時保護の地位を与えることに加え、安全な帰還（帰国）の見込みがないときでさえ無理やり帰還させて、難民の地位を与える機会を減らそうとしている。

一時保護の地位付与は、短期間のうちに帰還が可能だという想定のもとに、たとえばバルカンでの戦火を逃れた人々を対象に、一九九〇年代に欧州の国々によって実施されている。こうした一時保護の政策や措置は、最近では広範で多様な欧州各国の「抑止戦略」に埋め込まれ、国外追放、「安全な第三国」への送り返し、領域外での審査を通じて強化されている。さらに一時保護の政策をめぐっては国際難民法においても論争中で未だ決着がついていない解釈を使って、自国の政策を正当化しようとしている国も多い。

一時保護の代表的手段は「難民キャンプ」である。キャンプは暴力紛争や迫害から逃れた人々を収容し、保護し、援助するためにつくられるが、そこでの生活は困難をきわめる。ミャンマー（ビルマ）からタイ・ミャンマー両国国境沿いのタイ領内のキャンプに避難したカレン族難民に見られるように、キャンプ内では日常的に暴力が生じ、人道的保護の欠如やジェンダー関係の変化（それでなくとも低い女性の地位の、一層の低下）による差別と人権侵害が発生している。

そこで確立した支配的な制度に対し、難民の男女は日々争い、対処せねばならない。彼らは、異なる次元で起こる構造的な問題や危険に対処する戦略を恒常的にもたねばならなくなっている。

国境——変化する世界での新たな権力（暴力）の出現

現在では、移住への強い圧力、軍事化される国境、受け入れ国での外国人嫌いと偏狭なナショナリズム、そして人種的な秩序が、グローバル規模で統一的に進行し、半ば常態化しかけているように見える。

国境での壁の建設、警備インフラの強化、難民キャンプや勾留センターへの収容、海上での阻止行動と押し戻し、国外追放、監視活動が日常的に行われ、そして人種的な入管政策の下で庇護手続きが厳格化され、人の移住を規制する政治的な動きが加速している。受け入れ社会への新規入国者の「包含」と「排除」の点から、入国の際には生体認証法などの高度な審査技法が導入され、得られた情報は国々の間で共有されている。これらは、「移住と難民のガバナンス」を構成する技術である。

移動自体は国境、パスポート、テント、キャンプ施設、小船、携帯電話のような場所や物体で表現される。移住への抑制手段や措置は、過去の帝国の遺産であるだけでなく、新しく出現しつつある人の（不）可動性や人種化、そしてたくさんの暴力を表すものとなっている。

西アフリカは長いこと、EUが移住管理の効果をためすための実験室となってきた。そのため、自国に難民が流入する前に抑止政策を領域外の他国で実施するという考えは、現実に有用性が認められる。ただし、その政策はそもそも欧州国家の関心を中心に置いたものであることから、多くの批判を浴びてきた。

EUによる抑止政策が実施されれば、権力の一方向的な行使となり、その他の関係国の意向や働きは影が薄くなる。EUの考えは過去の植民地主義的な発想の力学をおおい隠し、組み直したにすぎない、と批判されている。

ただし、あくまで希望的な観測ではあるものの、北アフリカの沿岸国で庇護の申請が審査されるようになれば、危険をおかして海を渡ろうとする人々が密輸業者による搾取を避けられるようになり、より安全に受け入れ国へ移住できるかもしれない。さらに、一般に不十分な現状を打開して、北アフリカ諸国に庇護制度の基礎を根づかせるきっかけになるかもしれない。

国境のインパクトと新たな秩序

そうしたなかで「国境」は、難民の移動生活に重大な影響をもっている。そのインパクトは国境管理、国境警備とそこでの暴力行使に関連して、広範に分析され研究されてきている。しかし国境にはまた、人の往来を通じた秩序の形成があることが指摘されている。複合的なレベルで、非国家の政治的、社会的な秩序が形成される。国境制度と避難によりつくられた、このような新たな社会秩序は検証に値する。

たとえば、タイ、マレーシア、インドに住むミャンマー難民のケースがこれに該当する。具体的には、タイのキャンプのカレン族難民と、マレーシアやインドのチン族難民の場合である。彼ら難民による組織は、原因国、受け入れ国、そして難民保護のグローバル制度におけるプロセスのなかでつくられる。しかし難民コミュニティ組織は、単に既存の国境のあり方への応答だけでなく、もう一つの社会秩序をつくっている。

難民の指導者やコミュニティ組織は、人々に社会的ケアや保護を与え、未来への希望がなく危険な状況のなかで、人々に希望と勇気を浸透させるため、下からの統治を実践しているのである。彼らはリスクと資源を分かち合い、国境の内外における人の階層化を拒否し、もう一つの政治コミュニティの創設を主張している。

「危機」は現状変革の合図

難民というありようは、グローバル文化のなかで、つねに複雑で矛盾した役割を担っている。迫害と危険を逃れた人々は犠牲者であり、庇護に値するという色眼鏡を通して見られ、ニュース報道、言説、そして文化表現のなかでは、恐怖に怯える人々として描かれてきた。

一方、人口上の脅威や、地元民や国家に対する環境上の脅威としても見られている。その背景には、自分たちの社会に増え続ける多様な「他者」への怖れがある。難民の定住と社会への編入の問題は、国のアイデンティティの概念に挑戦する問題となり、国としての共通の規範や価値が危険にさらされている感覚を生む。

「危機」という言葉は、しばしば恐怖に由来して政治的感情に火をつけ、感情的な反応を呼び起こす。危機の言葉を使うことは、私たちがもつ対応力に影響を与える。危機は、並はずれた出来事として、受け入れ国側からの劇的な行為・反応となって移動中の人々に跳ね返り、現状を先延ばししかねない当座の緊急措置だけを許し、その正当化に使われてしまうという懸念がある。

これらのプロセスは、政治、法律、その他の社会的圧力によって、どのようにつくられるのだろうか。調査者や政策立案者による事態対応型のアプローチのなかで、こうした緊急措置的なアプローチは主に、不可避で不変な手段と受け取られる傾向がある。

しかし人が強制的に避難を余儀なくされる事態は、不可避ではない。それは強力な行為者による恣意的な政策の産物か、それに付随して起こる事柄の結果である。では、難民やその援助者は、援助の既存の権力構造（それらは、言葉、イメージ、政策そして法によってつくられる）に対し、どのように異を唱え抵抗して、変化させることができるのだろうか。

避難する人々の世界を支配する力や制度を批判的に捉える必要がある。包含と排除の政治を解明し、避難経験の固有の限界を明らかにする必要がある。

「危機」（crisis）という用語に本来、否定的な意味はない。ギリシア語に由来するこの用語には、決定する、判断するという意味があり、分離する、区別するという行動や能力にかかわる語彙である。危機はまた、日常からの転回、変化と考えられる。不可避の対応を求める出来事であり、現状を維持することの不可能さを意味している。したがって紛争ないし危機は、社会変化を成し遂げる必要性をも表している。危機は時に、社会変化をもたらすために必要な場合もあるのだ。

本書の視角と方法

国際強制移動研究学会（ＩＡＳＦＭ）は、「強制移動」（forced migration）を広く一般用語として捉え、「難民や国内避難民（紛争により避難する人々）のほかに、自然災害もしくは環境災害、科学もしくは原子力による災害、飢饉や開発プロジェクトなどでの移動」と定義して、使用している。本書でも、この使用法を踏襲したい。

強制移動する人々は、いわゆる難民条約上の難民（条約難民ともいう。国連の一九五一年「難民の地位に関する条約」、および同条約の地理的・時間的制約を取り除いた一九六七年「難民の地位に関する議定書」で、難民は「人種、宗教、国籍、政治的意見または特定の社会集団に属するという理由で、自国にいると迫害を受けるおそれがあるために他国に逃れ、国際的保護を必要とする人」と定義される）以外であっても、世上ではすべて「難民」と呼ばれることがあり、この用語の使い方と意味は実は曖昧である。

同じような言葉で、本書では、強制移動する人については「避難民」の言葉を使っているが、その意味は、避難する人々のなかには、いわゆる条約難民以外の多様な人々をふくんでいることを示したいからである。

「難民」にしろ「避難民」にしろ、言葉上での違いは別にして、現場では両者の境界は曖昧であり、時の政治事情による判断で、援助への力点の置かれ方で、名称に違いが出ることが多い。難民の問題（国家等の視点から見た「難民問題」ではない）に対する最良の実践は、学術調査と、政策形成そして実施の間のギャップに橋をかける道を探すことである。そうしたやり方は、学際的調査がもつ利点であり、問題点を析出し、現場での倫理的な懸念に対応するものとなる。

研究・調査に限って言えば、そうした活動は多様な学問分野の人が参加して行う形で、民族、人種主義、植民地主義、ナショナリズム、市民権、帰属、犯罪化、国境といった分野区分を通じて、グローバルな移住を検証することを可能にする。

検証の目的は、人の強制移動の原因、結果、それへの反応を理解することである。歴史を通じ共通のテーマとなっているのは、難民がもつ力とその働きを探り、認めることにある。それは強制移動民の一カテゴリーである難民を、社会的、経済的、政治的行為者として見ることでもある。彼らの視点からのものの見方、その生き生きした経験と声を受け止めることが重要である。

近年ではますます、難民の「回復力」や「自立」が重要視されている。しかしこの傾向が、難民の力やもてる役割への真の認識を表しているかには、まだ疑問符がつく。責任が単に、行政や国際機関から民間の援助者や難民自身に移されているだけかもしれないからである。

したがって、難民や避難民自身によって行われる、強制的な移動への様々な応答を分析する必要がある。これらの応答に対しては、草の根の連帯イニシアチブから高次元の国際協力まで様々なプログラムがあり、それぞれが性質を異にしている。さらに難民側についていえば、難民として自身を認識する「程度」や「個人差」の問題もあり、配慮が必要である。

本書の目的は、人のグローバルな移動（難民をふくむ）に関心をもつ、学生、若手の研究者や関心のある一般の方々に向けて、入門書的な役目を果たすことにある。関心を深められた方は、さらに末尾の参考文献等へと読み進めていっていただければと思う。

本書の第1章は本書の前提認識を示すため、難民の可動性と希望のありよう、そして生活状況を扱う。第2章は政策的な定義や分類の弊害を扱い、第3章は社会的弱者ゆえの戦略と実践のあり方を紹介し、第4章は難民本位の視点の重要性を指摘し、難民研究の課題と広がりについて述べてみた。

難民の問題は、関係・関連の事象や事柄が多岐にわたり、理解には深く広い知識が必要とされる。本書では理解が困難で複雑な内容をかみくだき、できるだけ端的に言い表すことに努めた。また、実情が理解いただけるよう、主たる論点を項目ごとに分けている。

#「難民」とは誰か——本質的理解のための34の論点　目次

第3章 難民はいかに支援されてきたか 135

第1章　前提として何を押さえるべきか

論点①　難民は子どもの顔で描かれる

がりがりにやせ衰え、飢えて力なく地べたに横たわる子ども。大きく目を見開き、自分の力ではもうどうすることもできない無力な姿が、映像で大きくクローズアップされる。カメラマンは立ったまま。子どもはすわっている。カメラマンは上からシャッターを切り、被写体の子どもはずうっと下にいる――。

「難民」という言葉がある。それは第一に、人間としての行動や彼らをめぐる言説を主軸として成り立っている。難民という事象は、一般に普遍的とみなされているが、その言説の背景には西洋文化的な思考があり、多くの点できわめてキリスト教的な考え方に由来している。

難民を考えるうえで、マルキ（Liisa Malkki）に興味深い論文［Malkki 2010］があるので、内容を要約しながら、その主な主張を紹介したい。

子どもは、共通の人間性たる「無垢」の代表

マルキによれば、個々の飢えた哀れな子どもを映像や写真で映し出すことは、マス・メディアの難民報道の一般的な表現作法となっている。難民援助という「人道主義に基づく訴え」を行う際には、一般的な成人や、文化的、社会的な文脈を備えた特定の人ではなく、それらを超え出た存在としての子どもが選ばれる。

子どもというカテゴリーは、人間性の原初的な姿を表している。この原初的なイメージには、「無垢」という属性が与えられ、世界で実際に起こっていることを知らないものとされる。それは、政治的中立性と潔白さのイメージにつながる。子どもは誰の目から見ても人間に違いないのであるが、彼らはめったに個人としては捉えられない。写真を撮られても、それは単なる人間の子どもの写真であって、特定の歴史背景をもつ特定の個人の写真ではないとされる。彼らから人間性をはぎ取るのは、きわめて容易である。

大人は彼ら子どもを主題とすれば、ナショナリズム、人種・民族主義、そして文化的アイデンティティで引かれがちな境界線を越え、歴史の複雑さの外にそれらの事柄を置きながらも、純粋な人間性と汚れのない自然な姿で人々の心を満たすことができる。

彼ら子どもは共通の人間性たる無垢の代表であるとして、人種、文化、国家の境界を越えて、その本質性を訴えることができる。それによって彼らは時代のある時期、私たちの

多くが共有すると信じる、歴史の込み入った関係から分離された「希望の象徴」となることが可能となる。大人がほとんど共通して、子どもを個性をもつ人としてとくに扱おうとしないのは、たとえば子どもが死ぬ場面を撮影するときである。子どもの遺体の小さな包みは、人間性そのものの象徴である。

そのイメージは、強い感傷を私たちに与え、この小さな包みの姿は「苦難」という特殊な強い力を備えるだろう。無垢な子どもが苦難を経験するなどというのは、大人にとっては許しがたいことである。しかしそのイメージには、歴史的にも文化的にも、現実の特異性への想像力が明らかに欠けている。無邪気で無垢という子どもの性質には、①幾分、時間を超越していることと、②物事を知らず世俗的でないこと、の二つの意味がふくまれている。

マルキによれば、西洋では一七世紀以前、子どもたちは「原罪の継承者」や「文明化以前の未開の人」と考えられていた。キリスト教的な西洋の伝統では、何人も罪からは逃れられないと考えられた。

原罪をもって子どもがこの世界に誕生したと見ることの重要なポイントは、この世界で大人として成長し発達するために、彼らは「もがき」や「あがき」という深い人間性を無垢の喪失とともに必要とする、と認めることだった。善良さと無垢の間には区別がなされ、無垢は良くも悪くもない中立状態を示すだけだった。子どもはいわば白紙状態で、理性を注入される器であった。

ただし、原罪と子どもをつなげてイメージすることは、必ずしも子どもたちが大人より、大きな罪をかかえていることを意味していない。一七世紀の終わり、そして特に一八世紀の半ば以降から、西洋では子どもに生まれつきの美点を見る傾向が生じた。

すなわち一七世紀末以降の啓蒙主義の時代、西欧ではルソー（Jean-Jacques Rousseau, 1792-78）やブレイク（William Blake, 1757-1827）らの時代に、子どもを原初的な潔白性と結びつける強いロマン主義運動がおこった。その運動は当時の社会の腐敗・堕落と、純粋で潔白とされる子どもとを対比させる形で、腐敗した社会への抗議の意思を示していた。

子ども時代は、人間が最も自然の状態に近いときである。西洋ではこの自然は、キリスト教の言葉で理解された。子どもが自然状態に近いなら、彼らは、生き生きとして新しく、神の創造物のイメージに適うことになる。

それ以後、受難者としての子どもは、道徳の力を帯びるようになった。しかし彼らの力は、国境を越えて儀礼的（形式的）で道徳的な性質をもつだけで、現実世界の政治や歴史の領域には関与しない。それによって奇妙なことに、子どもたちは時に、他の誰よりも人間的に扱われているほどである。

無垢な子どもはかくして、強力な形で儀式的に使われるようになった。子どもが平和や希望を描いた絵や手紙や詩文は、まだ政治によって汚されていない純真な「心からの真実」として、大人によって消費されてきた。その一方で、世界平和の感覚を体現する難民は、大人であれ子どもと同一視されることで、子ども扱いされてしまう。

子どもは自由気ままに称賛され、そしてほとんど身勝手に無視される。大人によって、原初的なユートピアの次元にあるものとして脇に置かれる。彼らは個別の文脈を超え人類のために話すことを求められるがこれは、子どもは本質的に大人とは違うという、主に西洋の近代的な考え方が移入されているからである。

マルキは、子どもと大人の分離という西洋での考え方は一八世紀後半から明確に受け入れられるようになった、という。そして、この分離した捉え方は今なお、人道主義や自由主義的な国際主義が一般化した現代の論説で、大きな力をもっている。

子どもに無垢を見ることで人道援助の受け手を「白紙状態」にし、政治や歴史に対して無害で、戦争の原因や憎しみを知らないという意味を付与して無害化する。そこでは、子どもの無垢は、純潔な犠牲者の典型的な類型の一例でもある。

マルキによると、〈天使－悪魔〉の対比と緊張や無垢の概念は、北米や欧州の人々の子どもへの理解において優勢な考え方となって、たとえば二〇世紀後半、国連のような組織を通じて世界の各所に伝達・普及されてきた、という。子どもが希望の光だというのは、未来に多くのユートピアをもち、ある種の基本的な純粋さを保つ彼らに対して、普遍的とされる理念や苦難をからめて想定しているためである。

そして、これらの子どものカリスマ的な姿は、重要な働き・機能をもち、資金を集めたり、はたまた政治紛争では相手を文明化し、人間化する際にも活用されてきた。巨大な暴力が引き起こされたり信頼が失われた事態の直後、子どもという概念は容易に、他の可能性、より良い未来、そして平和への希求をイメージとして具現化することができる。

主体者として、一個の人間として、子どもを再考する

ただしマルキも言っているが、無垢という社会的な想像は、子どもによる他の子どもへの殺人や暴力のような、きわめて衝撃的な事例が公にされることで、時として破られる。近年では子どもの危険性について、道徳的な大混乱の怖れが強まっている。危険にさらされる無垢な子どもと、危険な存在としての子どもの姿。子どものイメージの位置づけには不確かさが増しており、管理不可能な彼らへの恐怖が高まっている。

パレスチナでの「インティファーダ」(intifada, イスラエルの軍事占領に対する抵抗行動)での子どもの闘いについては驚くべきことに、報道では彼らは子どもではなく、若者として分類されている。子どもは一〇代だと報じられると、無垢という彼らの道徳的な力は減じられてしまう。

また、「子ども兵士」の問題がある。国際主義的な人道主義の形成が広く進むなかで、子ども兵士について特別の関心がはらわれている。子ども兵士は、無垢としての子どもの

イメージにとってゆゆしき事柄となりうる。道徳上の国際的なショックは、子どもの無邪気さへの普遍的な期待と願望が破られたことから起きている。

通常の兵士は戦場での武勇と勇気で勲章を受けるが、子どもの兵士を勲章で飾ることは、私たちの想像力を傷つける。子どもが兵士になるとき、大人にとって、聖なるものと子どもを同一視できない点が、どうしても残るからである。

実際、彼ら子ども兵士は無垢な存在などではない。物事を知らないからお咎《とが》めなしとはできない。難民救援を訴えるとき、子どもの姿が広くその活動のなかに取り入れられ、理念として普遍化されてきたが、実際に起きていることは、普遍的な意味内容からはほど遠い。子どもおよび子ども時代という概念は、今では年齢に基づく決定論的なモデルという、ありし日の想像上の遺産となっているにすぎない。

実際、途上国での開発計画では、子どもの研究をめぐって、決定論的な捉え方が強くなされてきた。これは、途上国の発展が遅れているのは文化的な劣位のためだという共通感情をもった、発展段階説的な暗黙の捉え方である。

繰り返しになるが、マルキによれば、子どもについてはキリスト教的思考をめぐる永年の伝統があり、それをもとにした現代の多くの人道活動への期待があり、実施の際には、感覚・感情および道徳上の立場とともに、キリスト教的なこの考え方が暗黙にふくまれている。物事の再生の仕組みが非常に秩序だって、これらの広い背景のなかにイメージとしてつくり出されている。

昨今のシリア危機では、シリア難民の親たちには、特定の一人の子どもだけがなぜ援助において選び出され、注目されるかが理解できなかった。こうした疑問は西欧の外部では頻繁に提示されている。

輪廻思想をもつアジアの仏教社会では、一般に子どもは、社会が望むように刻印可能な白紙状態とはみなされていない。むしろ子どもは、前世の記憶をもって生まれてくると信じられている。子どもが成長をとげて私たちの未来を担うと考えることは、彼らの無垢を前提としているがゆえに宇宙論的な誤りにさえなってしまう。

キリスト教の慈善の教えと将来への義務は、ところによっては場違いで、理解が難しくなる。難民へのグローバルな人道援助を促す西欧の言説は、中立的でも世俗的でもないのが実態である。

マルキの主張から読み取れるのは、子どもについては、私たちの共通の人間性における原初的な形としてだけでなく主体者として、一個の人間として、再考する余地が生じているということである。大人と同じように、子どもは他の人々（大人や子ども）との関係性のなかで生活している。子どもとは「関係性」をもった存在であり、この単純な事実の理解が抜け落ちている。

私たちが子どもについて、自由主義的人間主義による思考空間を疑わないなら、どんな選択肢が残されているのだろうか。実際、子どもを教えるのは大人だけではない。子どもは互いに教え合ってもいるのだ。子どもは世俗的な存在であって、彼らを市民予備軍と考えることが必要である。

論点② 難民は戦士、反攻勢力にもなる

メディアが報じる〈難民＝無力〉という表現は、難民の否定的なイメージ（無力、病気、悲惨、汚れ等）の流布を私たちに執拗に繰り返している。それは「私たちが手とり足とり教えてあげねばならない人」のイメージをつくり出す源となっており、映像や写真を見る者に対して、絶え間なくイメージの固定化をはかっている［Harrell-Bond, 1986］。

しかし、ある人が難民の立場に一時的に変わったからといって、彼・彼女自身のもつ諸々の能力までが同時にすべてなくなってしまうわけではない。難民を生み出す原因は元来、政治的なものである。人は亡命中でも政治からの影響を避けることができない。彼らは他人からの恩恵にすがるだけの無力な個人ではない。むしろ困難な状況が政治的に活発な個人をつくり出す場合もある。

それはたとえば過去、エチオピア難民やアフガニスタン難民に見られた傾向である。スーダンへ逃れたエリトリア人（エチオピア難民）、パキスタンに向かったアフガニスタン

人は、家族を連れ、家畜を連れて受け入れ国に移動し、そこを基地にして戦闘に従事している。

ただし亡命中、戦うだけでは生活上の手段を欠くので、彼らは国際的援助に強く依存する。そのために、生活の基本となる人道救援を求め、受け取ることになる。「難民戦士」たちは、受け入れ国から祖国へと国境を容易に越えて軍事活動に従事しており、戦闘行動については受け入れ国当局と、暗黙の了解にしろ明示的な了解にしろ、つながっている[小泉 2013]。

難民のこの「戦士社会」は、受け入れ国をとりまく国際的な政治的・軍事的な利害関係の思惑から、関係する国家の外交政策の手段・手先として使われ、しばしば物質援助と外交的援助を外部勢力から受けている事例が見られる。

この難民・戦士社会は、ひとたび形成されると増殖する傾向がある。なぜなら、このシステムは、援助対象となった難民が政治的に活発になる機会を与え、時には誘因さえ与えるからである。

亡命中の個人にとって戦士になることは、この集団のなかで最も意味があることであり、経済的にも報われる。その結果、個人は国境を越えた単なる避難民という存在から、政治的に活発で意識をもった存在へと大きく変貌する。

難民・戦士社会は急進化し、自己永続的な側面をもつように見える。この場合の難民状況とは、それまでの伝統的な指導・支配の構造が弱体化（長老支配の崩壊）し、新しい指導層が出現しやすくなる状況でもある。なぜなら、旧来の指導層を支えてきた経済的・政治的な土台が取り除かれ、革新的な政治的人物が現れやすくなる新しい状況が生まれるからである。

現代の難民・戦士社会の原型は、パレスチナ人に見ることができる。ただし、右記のエチオピア難民やアフガニスタン難民のような事例と、他の事例の間には相違点もある。他の事例とはたとえば、一九八〇年代～九〇年代の初め、タイ・カンボジア国境のクメール抵抗勢力、中米のホンジュラスとコスタリカから出撃して活動したニカラグア・コントラ、一九九〇年代にコンゴ民主共和国に逃れルワンダへの反抗を続けるルワンダ旧支配勢力、アルジェリアやモーリタニアに基地をもち今も戦闘を続けている西サハラのポリサリオ戦線などだが、大事な点は、各々の事例が共通の形態の変形として出現していると考えられる点である［小泉 2013］。第三世界のそれぞれ異なった地域で、この現象が数多く見られることから、難民戦士は現代の特徴的な現象の一つと言いうる。

急激な人口増、乏しい資源、未開発の人的資源その他の問題に現代の第三世界の国々が直面させられていることは、広く認識されている。独立して日の浅い、これらの新しい国々が、弱々しく不安定な政府ながら建国の事業を推進し、国内の不安定化により内戦にいたったり、あるいは隣国と交戦するとき、難民流出を引き起こしてしまう。

新しく独立し、財政的に貧しく、様々に厄介な問題をかかえる政権が依然、権力の座にある以上、これらの土地へ難民を帰還（帰国）させるためには、何か「新しい考え方」と、それを実行する「方法」とを必要とすることになる。

論点③　難民の本当の数は誰にもわからない

地域および世界の難民数の増大を受け、様々な救援機関・組織が数多くの現場で活動し、物資を与え、その情報を私たちに大量に与えてくれる。難民数が新しく増えている場所は、近年ではヨーロッパでの旧ユーゴスラビアや旧ソ連圏の国々を除けば、今やアジア、アフリカ、中東の地域に集中している。

一九九〇〜二〇一七年、ＵＮＨＣＲが支援対象とする、いわゆる難民は世界で二〇〇〇万を超えず、その約九〇％は発展途上国から出ていた［UNHCR 2017］。そしてさらに、そのうちの九〇％を超える人々が、同じような発展途上国に滞在していた。

すでに一九八〇年代初め、難民状況が極度に悪化し、国際的に解決の機運が盛り上がっていたが、当時の世界銀行の『世界開発報告』（一九八三年）は、低所得国（ＧＮＰ一人あたり四〇〇ドル以下）といわれる三四ヵ国中、二七ヵ国が当時あるいはそれまで、難民が流出したり、あるいは流入したり、あるいはその双方を経験しており、少なくとも難民状況が各々の国内に存在すると見ていた。世界の最貧国こそが、そうした「難民問題」の主要な負担国であった。

『世界難民調査』（NGOのアメリカ難民委員会、二〇〇〇年）によれば、世界の難民と国内避難民はあわせて三五〇〇万人。一九九〇〜九五年にかけて、七〇ヵ国が難民を国外に流出させ、五一ヵ国が国内避難民を発生させていた。

難民とは反対に、国内避難民の数は一九九〇年代初めに大きく増加した。一九九四年には三二ヵ国、計二八〇〇万人でピークに達した。一方で二〇二一年、全世界でUNHCR（国連難民高等弁務官事務所）がかかわる難民数は、今や二七一〇万人。さらに増加傾向の国内避難民五三二〇万人をあわせた総数八〇三〇万人の半分に満たなくなった。

その一方、世界の難民の大半は「援助の傘」の下にはなく、UNHCRの用語である「自然定住」の状態にある。実際に難民のどれだけの人数が国際援助を受けているかは不明だが、全体の三〇％弱を占めると推定する研究者もいる［小泉 2018-a］。

資料はやや古いが、アフリカ諸国によってタンザニアで開かれた難民に関する一九七九年の国際会議、アルーシャ会議（the Pan-African Conference at Arusha）では、全アフリカ難民の推定で六〇％が、援助に頼らず「自主定住」していたとしていた。国際援助の実施機関にしてみれば、自分で定住先を見つける（自主定住する）人々が存在することは都合が悪いので、それ以降も、アフリカではその存在自体が無視されてきた。

発展途上国の難民は、主に農村地域から逃亡し、同じ地域内の「第一次庇護国」（難民を最初に受け入れた国）に流れ出ている。流出した難民は一般に、第一次庇護国と本国との国境の周辺に集中して居住している。発展途上国への人口の大規模流入は、受け入れ国と流入した地区の住民に大きな影響を与えている。

流入は長期にわたる深刻な環境被害を引き起こし、受け入れ国の開発に大変な悪影響が出る。発展途上国では、職を得る十分な機会や耕作適地が自国民にすら足りないため、難民集団を受け入れるかどうかの「決定」はもちろん、難民が国内に滞ることに対して、それらの国々は政治的、経済的、社会的、文化的な点から非常に強いためらいをみせる。

アフリカ諸国の難民はとくに、きわめて困難な条件の下で、地元民と共存するために独力で生きる努力をしている。

統計上の低い信憑性

世界の難民数についての「公式的な」数字は、ＵＮＨＣＲと民間のアメリカ難民委員会（ＵＳＣＲ、現ＵＳＣＲＩ）が発表している。研究者はこれまで一般に統計を、この主要な二機関が出す数字に依存してきた。

これらの推定値に、受け入れ国による数字が加えられる。たとえば欧州各国には、たくさんの庇護申請者（難民認定申請者）と難民が入国する。国ごとの違いはあるが、欧州では一般に、庇護申請者と定住上、恒久的な地位のある難民の双方を一緒に数として数えている。

対照的にアメリカでは、民間ボランティア団体であるアメリカ難民委員会が、地位の不安定な庇護申請者にまず焦点をしぼって、保護の必要な人々のみを難民として数えている（恒久的地位のある難民は別に、難民定住計画で入国している）。この数字には多くの場合、国内に不法に滞在する人をふくみ、難民の事実上の全体数を推定しようとしている［小泉 2009］。

不法滞在は、どこの国でも起こる。入国・滞在の手続き要件が厳格化され、手続きが困難になれば、人々は「密かに」入国し、滞在することを選び始める。そのため政府当局には、意図的か否かにかかわらず、異なった庇護の形態や居住上の法的地位を与えることにより「公式的な数字を手《た》繰《ぐ》る」可能性が出てくる。

したがって、これらの統計上の数字にはすべて疑問符がつき、信憑性が低く、そのまま引用することには重大な危険性が伴う。使用の際には、あくまで参考程度とするしかない［Escalona and Black 1995］。

重要な点は、ＵＮＨＣＲの数字に限らず、発表された数の「数え方」と「もつ意味」のなかにこそある［小泉 2009］。難民数を表す現存の文献・出版物は、その多くが問題の技術的、方法的な面にばかり集中し、不十分である。

ちなみに一九九〇年代以前、ＵＮＨＣＲの統計への関与の度合いは弱く、統計は国ごとに集められていた。その方法は非体系的で、本部からの指示・監督もなかった。数字は机上で扱われ、形式がふぞろいであった。ＵＮＨＣＲは一九八五年、改善要請を開始していたが、一九九三年のフォローアップ作業でも、数え方と統計の仕方に進展は見られなかった。ＵＮＨＣＲで長いこと政策評価部門の長を務めたクリスプ（Jeff Crisp）は、ＵＮＨＣＲが正確な難民数を出せない三つの理由を挙げている［Crisp 1999］。

第一は、定義上の問題である。難民の語は異なる定義、解釈を非常に受けやすい。

第二に、現場特有の問題がある。巨大な地理空間に膨大な数の人がいる。難民は動くので、正確な数が数えられない。また、政府当局の能力不足がある。緊急事態で、資金も装備も不十分である。さらに難民が居住する場所は、接近するのが困難な辺境であることが多い。

そのうえ難民のなかには、数えられることに抵抗したり、それを拒否したりする人々もいる。地元民が登録に潜り込むこともある。結婚、出産、死亡によって、家族が分離したり、新たに加入したりで、データはすぐに古くなる。炎天下にたくさんの人を集め、長時間待たせることは不快を伴うし、治安上の危険もある。難民、官吏、ＮＧＯ（非営利民間団体）などから「押しつけがましい官僚制度」として非難されることもある。

第三に、数の政治化の問題である。原因国、受け入れ国、ドナー国（資金拠出国）、難民、人道機関はそれぞれ自身の利益を追求し、他者の行動に影響を与えようとして、数を操作しがちである。どの国も自国市民が国を離れることを認めたがらない。それは政治的失敗の証拠だからである。原因国が一様に説明するのは、流出した人々は自らの反対運動が原因で国を出たのであり、軍事的な反抗の意図があって国を出た、というものである。

不可視の人々

ベイクウェル（Oliver Bakewell）は二〇〇八年、多くの避難民は研究者には「不可視（見えない）」状態のままであり、国際機関の政策担当者の考えで定義され分類された特別の人々（難民キャンプ収容者）だけに、援助や関心が集中する状況が続いている、とした。

彼によれば、アフリカでは国際機関や政府が設けた公式のキャンプに住む人々だけが援助の対象者で、それより圧倒的に数が多い避難民は難民とは分類されず、無視され続けているという。研究者は国際機関が設立した難民キャンプで調査を行い、課題を研究することになってしまっている、という。

数の分野では、統計を扱う方法自体が機関によって本質的に異なっており、不平等であり、不十分で、多くの不明瞭さをふくんでいる。また、科学的用語自体がメディアや政治家の特有な表現、論理的な飛躍によって不正確に使われ、本来の意味から偏向している場合が多い。

変化し混乱する、複雑で多様な現実のなかで、事態を見極める基礎となるこれらの数字、用語の使い方を適切に批判し、改めて評価しなおすことさえ簡単な作業ではない。しかし、不可視性（見えないこと）の問題は、世界中の難民で大きな問題となっている。世界中で、「自主定住」する人ないし「自発的」に行動する難民の数は、急速に増えている［Marfleet 2006］。

また、別の形の「不可視の（見えない）人々」の問題がある。人々はなぜ、どのようにして、危機のときに閉じ込められて動けなくされてしまうのか。私たちが一貫して「移動する人々」に関心を集中させたため、自分の意思として留まっているのではない「不可動な（動けない）人々」を見えなくしたといわれるが、この指摘は、世界人口の三％を占める国際移民から、その残りの九七％の人々へと、関心となる対象の転換を促すものである。

危機で人々が移住するパターンについては、短距離の一時移動が主流である。一九九〇年代、ボスニア、スリランカ、ソマリア、ルワンダその他で人道援助のニーズが最も高いのは、難民や国内避難民になって動く人々よりも、紛争や暴力から逃げられずその場に留まる人々であった。それゆえ、この型の移動では、動けない人々の問題が最も重要になってくる。

人々は国内の紛争や自然災害のため避難を開始するが、国内の一時通過場所、目的地や隣国で、規制がかけられて動けなくなる。それを避けて先進国へ向かうと、不法入国扱いで長期間勾留される。

非自発的な不可動性は、多くの事例で明らかになっているが、端的にいえば受け入れ国の移住政策による不可避な結果である。繰り返せば、途上国での受け入れの際には、難民がどこへも行けないままの滞留状態が続きがちである。

モロッコやトルコのような場所では、身動きならない事態を打開するために、長く危険な旅（小型の老朽船での脱出に命をかける等）を行う人々が出てくる。事態が発生するのはほとんどつねに厳格な入国政策の結果であるが、時には「聖域」（safe heaven, 安全地帯）へ閉じ込められる場合のように、政策的な不注意が招くものもある。

論点④　発表数の魔術、人数の政治的操作

今日では一国に流入した難民を難民キャンプや定住地に直ちに収容し（閉じ込め）、周囲を鉄条網で囲い、警護人を配置し、あたかも罪人のように外界から隔離することが、受け入れ国の難民政策上、一般に行われている。「移動の自由」という基本的人権を否定することが、しばしば「安全保障上の脅威」（難民は国家の治安を乱す）という大義名分で正当化されている。

しかし、この「安全保障」の議論については、実際に起きていることとの乖離が指摘されている。確かに、難民が国家の安全に危険をおよぼすと受け入れ国によって表明された例はあるが、現実には彼らは、決められた定住地に住むようには強制されていなかった。

たとえば、以前にも、アパルトヘイト時代の南アフリカ共和国の隣国での南アフリカ難民に対する扱いや、イディ・アミン時代に出たウガンダ難民に対するタンザニア政府の扱いがあった。これらの国を子細に見ると、難民援助の資金のドナー国と受け入れ国の政治的利益が、あわせて難民を援助する利益と合致すれば、難民キャンプに難民を強制的に押し込む政策は適用されなくなることがわかる［小泉 1998］。

ここでの重要なポイントの一つは「難民数」であり、入り組んだ政治的な問題の要因となる。数が多いか少ないかは、ドナー国にとっても、そして資金を各国から集めるＵＮＨＣＲのような国際機関にとっても、政治的に大きな意味をもっている。

大規模流出の際、緊急に救援にあたるＵＮＨＣＲが、難民と認められる人々を現場で数えることの困難さを別にしても、一体「誰が数を数えるのか」という問題がある。ＵＮＨＣＲか、それとも各受け入れ国当局の発表を信ずるのか、はたまたＵＮＨＣＲが難民と認める人々だけでいいのか、という強い疑問も生じてくる。

数の違いは、国際機関が集めるべき金額に直接的な影響を与える。一九八〇年代のソマリア難民キャンプでは、国際機関による数え方の誤差はプラス・マイナス五〇万人と見積もられていた［*ibid.*］。

一般に受け入れ国は、ドナー国向けに、あるいは原因国向けに、受け入れた難民の数を自国の「政治的利害」の観点から、自在に操作しうる立場にある。概して、受け入れ国と原因国との関係が友好的か、あるいは敵対的かの関係次第で、難民の数は多くも少なくも発表されうる。難民数を少し水増しして発表すれば、状況にもよるが、受け入れ国はそれにより国際的な注目を集め、援助物資をそれだけ余分に獲得しうるのである。

受け入れ国では基本的に数の水増しへの関心が高いが、逆に数を少なく言う場合もある。原因国と政治的に微妙な関係にあれば、緊張を減らすため、庇護した人々の数を少なく公表し、原因国の敵対勢力を支援しているという非難をかわそうとするかもしれない。一九八〇年代にウガンダ難民を受け入れたケニアの場合がそうであった［*ibid.*］。

二つの国家が友好的な関係にあるか、互いに敵対したくないとき、受け入れ人数を少なく数えて発表することは、双方の利益にかなう。同じ年代のジブチのソマリア難民、中央アフリカ諸国からガボンへ来た難民の場合も同様であった。さらに同時期の南部アフリカの前線国は、南アフリカ連邦からの報復や国境を越えての武力攻撃を避けるため、同国からの難民の数を少なめに発表した。

これらは、難民政策に反映される大きなポイントの一つである。政治的利害は、難民数の統計の問題に明らかに影響を与えているのだ。受け入れ国の多くが発表する数字は、UNHCRの統計や推計とは大きく異なる。背景には、国際援助をたくさん引き込み、それを政治、軍事、実業エリートが吸い上げるという構図がある。

また受け入れ国は、難民数の操作を通じて多数の自国民に雇用の場を与えたり、原因国に軍事的に反抗する武装勢力のための食料や救援物資を確保することができる。人道機関が持ち込む外貨の価値を極大化（政府の好ましいレートで両替）したり、人道基準への関与を示して国際的名声を高め、外的支援を得るなど、数の操作を通じて利益を得るためのたくさんの方法がある。

一方の原因国にとって、帰還民は難民と違い、政治的な成功の象徴である。原因国の指導者は、帰還事業の開始によって、市民は同政府に一定の信任を与えたと主張することができる。帰還事業はまた、短期の救援と長期の復興活動を通じて、大規模の国際援助を獲得できる。この状況下で、帰還民の数の水増しが起こる。

他方、援助機関は資金調達力や国際的名声を高めるために、難民・帰還民の数字を誇張することが起こりうる［*ibid.*］。たとえば、人道活動の実施団体は、特定の支持母体や集団から大きな支持を得るために、女性や子どもの代弁者を騙《かた》って数や統計を操作することがありうるのである。

西側先進国は「難民」についての宣伝にイデオロギー的・政治的利益があった冷戦期、敵対国から逃亡した人の数を誇張した。アフガニスタン、キューバ、エチオピア、ベトナム、ソ連のような共産圏からの難民の流出は、かっこうの宣伝材料となった。

同時に、先進国は反政府活動に活発な支援を与え、寛大な資金援助を行った。アメリカは、パキスタン政府が出した三〇〇万人以上というアフガニスタン難民の数字を、審査もそこそこに受け入れ、ソ連が撤退するまで援助を続けた。

さらに難民数の水増しは、旧ユーゴスラビアに対して行われた軍事活動のように、原因国に対する行動の「正当化」という政治的な機能を果たすこともある。

その一方で、ドナー国側には、難民援助計画への支出をできるだけ早く節減したいという強い希望がある。長期の人道活動は、可能な限り早期に終わらせたい。したがって支出の削減には、強い関心がある。

一九九六年のボスニアでは、主要ドナー国からの圧力で、援助計画の急速な縮小が行われた。縮小のスピードがあまりにも速かったため、ボスニア当局に人口調査を行わせたり、名簿から外れた人々を助ける仕組みをつくる間もなかった。そこでは初めから、戦火の痛手から立ち上がり回復しようとする人々の利益は考えられていなかった。

以上のように、難民数の政策的意味とは、難民にかかわる公私のすべての機関・組織が政策を立案するうえで、基本的な方向性の決定に深くかかわるものだといえる。

難民数は一般に、効果的な救援と援助のための客観的基礎として認識されているかもしれないが、実際の緊急事態では、最も優先度の低い地位しか与えられない。ある場合には単に無視されたり、操作までされることがある。難民事業に平易単純なスタンスを示す寛容な時代は過ぎ、より対応が複雑で困難な時代にあるといえる。

難民は難民キャンプにはいない

世界の多くの地域での紛争については見たところ、人々が自国に戻り再び社会に統合される見込みはない。それどころか、彼らに一層の移動を強いて、都市に留まるようにさせている。

南米コロンビアの都市には、元々の人口より多い国内避難民がいるし、イラクの都市には、国内避難民と帰国した難民が自分たちの元の居住地に戻ることができず、その多くが都市近郊に滞留している［Joint IDP Profiling Service *et al.* 2014］。彼らには民族的、宗教的な住み分けがあり、元の居住地に戻ってもその土地で少数者になれば新たな暴力事態が発生しうるため、安全が確保できない。

リベリアの首都モンロビアは、紛争のせいで都市域が拡大した典型的な例である。さらに農村の疲弊があり、部族間の争いが継続し、状況は悪化している。一九八九年～二〇〇三年の内戦中、モンロビアや他の都市に逃れたリベリア人に、ＵＮＨＣＲ等はいくらかの人道援助を与えている［Fagen 2014］。

二〇〇五年以降、リベリアではＵＮＨＣＲが帰還計画を練り、政府は彼らを国内避難民と分類することをとりやめた。しかし、多くの人々が諸都市、とくにモンロビアに留まっている。帰還地では安全面に不安があり、土地はすでに他人に略取され、農村で生計を立てるのは難しかった [*ibid.*]。

新しく独立を達成した南スーダンでも、都市流入にいたる似たような理由がある。以前は農村に暮らしていた人々は内戦で都市に逃亡したが、いったんは都市の生活から農村に戻ろうとした。

南スーダンでの内戦から逃げた人々にとって、難民キャンプやスーダンの首都ハルツーム郊外や他の都市での数十年に及ぶ避難生活は困難をきわめた [小泉 2017]。そのため彼らは、二〇〇五年の紛争終結と南スーダンの二〇一一年の独立を受け、ますます元の居住地に帰還を始めた。

国連人道機関はバス輸送で帰還を支援したが、都市化した人々は、戻っても生活のための農業技術や知識をほとんどもたなかった。村々の生活状況は原始的で、部族ごとの暴力行為が蔓延し、医療、教育、福祉のサービスはまったくなかった。

農業への準備もなく、行政の保護とサービスを受けることもできなかった多くの人々は、村から都市へと第二次移動を行い、とくに首都のジュバに移動が集中した。事情にあらかじめ通じていた南スーダン人は、直接ジュバに移動した。しかし南スーダンの都市は小さく、新参者を受け入れる余裕はまったくなかった。

ところで「都市」という言葉は広く主観的な範囲を指し、用途に応じて様々に意味を変化させる言葉である。多くの都市周辺地域、不法居住地区は公式の統計からは除外され、都市の地図には出てこない。

都市域の伸長・拡大は、都市の定義を困難にするもう一つの複雑要因である。都市は郊外では、周辺の農村地域に広がる傾向があり、都市地域が絶えず変化するため、境界線を見極めることは難しい。本書では都市区域に市の郊外をふくめ市道に沿った周辺部に位置する難民・避難民の居住地も組み入れることにする。

そして「都市難民」とは、政府が都市と呼ぶ地域に住む、農村か都市に背景をもつ難民と定義したい。さらにこの用語は、難民と認定された人、庇護申請者、一時保護者、そして難民認定は却下されたが帰還せずに留まっている人をふくめたい。

都市に流入しているのは難民や庇護申請者で、残りは国内避難民その他、類似の人々だが、さらにここからこぼれ落ちる人々がいる。何千という人々が都市区域に住むが、彼らは右記の人数にはふくまれない。彼らは未登録か、連絡がとれない人々である。UNHCRが言う「分散した人々」(the dispersed)が、かなりの数いる可能性がある。

ひっそりと身を隠す人々

都市への避難の形態は複雑かつ多様である。難民、庇護申請者のほか、国内避難民もふくめて述べることにするが、表1に掲げたものがその主なものである。

難民、庇護申請者や国内避難民は一般の国内移動民と同じく、より良い医療、教育、就

表1　都市避難の形態

①国外から流入し、都市に避難	国外から受け入れ国の難民キャンプを経て、あるいは直接、都市に移動する。
②国際的な都市間の避難	農村地域を逃れ、外国の都市へ逃亡した「都市化された帰還民」は、都市区域に戻ることを選ぶ。彼らは以前の農村社会への再統合が難しい。この形態はとくに、ソマリアのいくつかの地域で見られる。たとえばハルゲイサの町は、ソマリア帰還民の約60％を受け入れた。大半が、1991-97年に自発的に帰還している。同じく、何百万というアフガン難民の大半がカブールに戻った。こうした帰還は、都市のすでに伸びきったサービス配布にさらなる圧力を加え、帰還した難民、避難民、貧民を危険な状況に陥れている。
③国内の都市間の避難	援助を求めて、町から町へ国内を移動する。コロンビアでは、いくつかの都市を移動後、大半の人は最後にボゴタ、バランキージャ、メデジンやカルタヘナのスラム街に落ち着く。彼らは大都市へ移動する傾向があり、紛争を都市へ持ち込む危険性がある。コロンビアでは彼ら避難民を問題や脅威と見る人々には、疎外、排除といった反応を呼び起こし、貧困、紛争、暴力をもたらす存在と見られている。これは難民や避難民の自意識にも重要な影響を与え、「私は一時的な避難状況にある」という意識が「私は問題をかかえ、問題をもたらす避難民である」というネガティブな意識に容易に置き換えられてしまう。
④同一都市内の避難	複雑で、複合的な性格をもつ都市内での移動。ソマリアの首都モガジシュ内の戦闘で、市の他の場所へ避難した例などがある。首都の避難民キャンプに住む多くの家族は、繰り返し避難を余儀なくされ、人によっては二度、三度と繰り返す。
⑤農村と都市の間の循環的な避難	農村から都市への強制的な避難が、セネガルのカザマンス村の住民の間に見られる。ジガンショールの近くの村の住民は、反政府軍の攻撃で、同町へ避難した。事態が沈静化したと思われる2～3ヵ月後に村に戻り始めたが、4万人以上が町に残った。

出所：Feinstein International Center 2012: 6-7から作成。

業機会を求めて、都市にやってくる。あるいは、大都市がもつ個人の「匿名性」を求める者もいる。難民のなかには、キャンプでは得られない保護を求める一方、何人かはまた、他の形態の人道的援助や、第三国定住の可能性を求めて都市にやってくる人もいる。彼らは難民キャンプという制度のない国に避難したいのかもしれない。

他の「隠れた人々」(hidden populations) と同じように、都市難民は受け入れ国の当局の注意を引かないよう、ひっそりと暮らすことを好む。エジプトでは多くのイラク人が、法的地位の不安定さや特定の民族的、宗教的帰属が災禍をもたらす怖れから身を隠して暮らしている［小泉 2017］。

シリアやヨルダンでは政府が入国抑制策をとり、イラクとの往来を禁じているため、出国は公式的に片道のみとなる。イラクを訪問した人の近隣諸国への再入国は「不法移民」となる形を避けられず、当局には見えなくなる。加えて、UNHCRに登録すれば定住が義務づけられると考える難民は、身を明かさないことがある。

レバノンには多数の「不法移民」がいて、イラク人をふくめ、全体数がわからない事態が続いている。彼らはしばしば、政治的な微妙さや知られることへの懸念からインタビューされることを好まない。彼らはインタビューする人の意図や、通訳者の信頼性に懸念をもっているのかもしれない。そのため、こうした人々への接近は難しく、人数や居住分布の情報は欠乏している。

数の計算は、障害が多く、正確な把握は困難である。数の確認作業は、受け入れ国の政治とからんで複雑な事情となり、決してつまびらかになることはない。統計の出所がUNHCR、受け入れ国政府、NGOのうちのどこであるかで、それぞれ都市難民の推定数は大きく変わってくる。これらの困難さを幾分かでも埋めるには、研究者と当事者の間の信頼に基づく質的調査によらねばならない［*ibid.*］。

都市難民が直面する困難は、キャンプに住む農村部の難民の困難とはしばしば異なるが、それは深刻度が低いということではまったくない。たとえば、タイでは都市難民の数が増大し、保護と援助の活動が現実に即して対応できていない。

難民をふくめた「強制移動民」（自分の意思に反して移動を「特定の行為者や事柄に」強いられる人）のすべての種類に共通することだが、援助実施の可否は、原因のありようと移動した場所次第である。都市難民は永住者として許可される前に、すべての都市でかなりの数の「行政上の（官僚的）障害」に直面している。多くの人々が生活を安定させることができず、追放の危険にさらされている。

都市難民に関しては多くの場合、難民が生計手段を求めるうえでの政治状況が厳しく、彼らへの支援がきわめて少ない。受け入れ国の政府はしばしば、難民へ労働許可を与えることに抵抗し、国際機関等からの援助計画に強く反対する。援助計画が難民の能力を増進することは疑いがないが、政府は計画が地元民と競合し、難民が帰国せず国内に留まることを心配している。

そうしたなかで都市は混雑し、過密化し、危険な状態になる。アフガニスタンの主要都市、とくにカブールは、パキスタンやイランから帰国したものの、元の村に戻る代わりに都市にやって来た人々のニーズに対応できていない。都市の基盤整備や社会制度を見直し強化することが重要だと人道機関と開発機関に理解されてはいるが、当面の緊急ニーズに応えるので精一杯の状況となっている［*ibid.*］。

追いつかない当局の対応

途上国の政府はともすれば法律を施行する能力を欠いたり、居住を黙認したりする場合もあり、現実には公式の数字よりも、かなり多くの難民が都市に住んでいるのが一般的である。難民キャンプを国内に設置していない南アフリカやエジプト、そして西側先進国では、庇護申請者と難民は合法的に都市部に住むことが許されている。これらの国々では、難民をふくめた都市への移民の数が増大している［小泉 2017］。

人々が危機で都市へ移動することは歴史上新しいことではないが、近年では紛争、環境悪化、農村経済を損なう経済モデルの実施が複合した結果、前例のない規模での都市への移動が起きている。

この移動がもたらした肯定的な側面としては、都市空間が貧困対策、行政サービスや経済機会の主要な場であることに、専門家や政策立案者が気づいたことが挙げられる。他方、否定的に捉えられがちな側面としては、行政当局、ドナー国、国際機関、人道機関が共通して懸念するように、都市域の拡大という事態がある。

関係者に広く共有されているのは、見方としては非常に疑問が残るが、都市は農村からの移民にはふさわしくない場所であり、彼らは都市の繁栄には好ましくないという考え方である［Fagen 2014］。

法的地位が不確かな移民、そしてとくに難民や庇護申請者は都市への流入後、ある特定の場所へ赴く。それらの場所はコンクリートからなる都市区域のなかの特定の建物で特定の定住の形を割り当てられている。

多くの建物では構造上、強度が内的・外的に十分ではなく、長期の居住には向かないにもかかわらず、同じような境遇、地位の人々を居住させる集合住宅である。庇護申請（難民認定の申請）の審査期間中、人々は移動の自由や活動を制限される。審査期間自体が長期化しているため、割り振られた束縛期間は、数ヵ月、数年と続く。

自然災害や人為的な工業災害（工場爆発など）、伝染病が都市で発生すれば、無秩序に移動してきたことで、人々は健康面をさらに悪化させられる怖れがある。また、都市に流入した難民や避難民には、行政サービスが十分ではない傾向がある［Buscher 2011］。

都市に流入する人々のなかで、次の二種類の人々への対処をめぐっては、強い懸念がもたれている。第一は、紛争関連の政治的事柄が原因である避難民。第二は、環境悪化やその過程にあることで逃げ出した、災害関連で脆弱な立場に置かれた避難民。両者は都市で混じり合い、他の農村からの移民や失業中の若者と混じり合う。

難民や避難民は地元民のなかに隠れて住むので、信頼性のある基本的なデータを得ることは難しい。だが、データがないまま政策や援助を実施すると、地元民や国民の疑惑や政治的な抵抗が現れてくる。

典型的には、同じように貧しい境遇にありながら、援助が与えられない地元民の怒りが現れる。様々な政策の導入にもかかわらず、あるいは政策自体が障壁となって難民や避難民は差別され、受け入れ国の貧困層と一緒に扱われがちである。

スラム街や下町では、難民や庇護申請者は地元民とともに、都市貧困層の問題に関連する構造的な問題に直面する。誰もが物理的な必要物（住居、食料、水）を求めて、そして教育、医療を求めて格闘しているのである。

都市に来る難民のなかには、都市が与える匿名性のために安全だと感じてやってくる人もいる。難民キャンプでは入手できないエイズ治療をふくむ、保健医療サービスを利用するためにやってくる人もいる。

多くの人々は、人道援助が得られると信じるか、第三国への定住計画に入れてもらうためにやってくる。実際には、今日では定住受け入れの可能性は非常に狭まっているが、都市で定住計画に登録できることは、途上国の人々にとって重要なプル要因である。しかし、難民は他の都市住民や外国移民とは、二つの重要な点で異なっている［小泉 2017］。

第一に、大半の難民や避難民は個人的に暴力紛争、拷問、その他の人権侵害を経験するか目撃し、長く困難な旅をしてきている、ということである。この経験は多くの場合、身体的にも精神的にも医療疾患を引き起こし、生活を立て直すうえで障害となっている。難民は他の人々より、結核のような伝染病にかかる危険性が幾分高いし、難民女性や子どもについては、難民キャンプより、都市にいる方が人身売買や性的搾取の危険性が高くなる。

第二に、都市難民は理論上は資格として保護や援助が利用可能なはずなのに、状況が他とは異なっている、ということである。国際法上は、認定された難民と庇護申請者は受け入れ国の保護下に入り、難民条約やその他の国際条約に定められた一群の権利を与えられることになっている。

これらの権利は、難民がどこにいようと、キャンプであれ都市区域であれ適用される。そして都市では人道援助が、最小限は用意されている。人道機関は、紛争、災害、環境悪化による犠牲者に対して、都市で最低限の対応ができるように動いている。ただし、一部の人々にはそれで十分だが、他の人々には十分な保護がないことは危険であり、住むところも適切ではない。

援助方針の転換の動き

UNHCRもNGOも、都市での人々の保護を改善する必要を強く感じるようになってきており、従来の農村地域での難民キャンプ中心の援助から方針を転換して、都市での活動を拡大している。しかし人道機関・組織は、都市に避難した人々を見出し守るうえで、経験のあるスタッフを欠いていることが多い。

都市計画の担当者は、都市が各種サービスや経済機会の主要な場であることに気づいてはいるが、しかし、こうした急速な都市化を生み出す問題の重大性を十分理解していないように見える［Lytinen 2009］。

開発機関も同様で、しばしば危機による移動は一時的な現象だと誤解してしまい、根本問題は受け入れ国での人道問題のみだと考えている。スラムの除去・撤去をふくめた都市改革事業は有効な開発手段ではあるが、不幸にも、危機が理由で移動した移民（危機移民）や難民は一般に好感をもたれてはいない。したがって、地方行政が都市計画を実施する際には、彼らの問題や窮状は考慮されない傾向がある。加えて、周辺地に住まう貧しい人々は真っ先に立ち退かされる。

都市で援助活動をする団体は近年まで一般に、元の地域社会に戻る人々を援助することに焦点をあわせたり、ストリート・チルドレンや人身売買に出される女性のような都市人口の特定部分に対し、プロジェクトを行ってきた。

ここでとくに重要なことは、人道機関は開発機関や政府との緊密な協働を必要とする点である。これらの事業の中心となるのは、権利、貧困、脆弱性や社会的な疎外の問題であり、それらは人々の避難の原因と密接につながっている。

近年の国際的な動きとしては、国連の機関間常設委員会（the Inter-Agency Standing Committee, IASC）が災害関連で出した、「実施上の指針」（*Operational Guidelines on the Protection of Persons in Situations of Natural Disasters*）と世界銀行の文書（*Populations at Risk of Disaster: A Resettlement of Populations at Risk of Disaster: Experiences from Latin America*）があり、人権面を重視しながら、いくつかの成功例を踏まえて災害関連の問題に取り組んでいる［小泉 2017］。

紛争と環境悪化と気候変動の影響が、人々に継続的な移動を強制し、以前に確立をみた国内外の避難ルートをたどらせている。都市への人々の流出は、都市の資源や環境を悪化させ、新参者は過密地に住む以外に道はない。だが、非公式の居住地であるスラムには、環境上の危険が多い。都市での土地所有権や環境上の危険性は、紛争下の農村部と同様に、緊急に対応すべき課題となっている。

定住のための適地があるか否かは、都市でも農村でも、決定的に重要な問題である。所有権、法的な所有資格を得る手続きは、慣習的であれ公式的であれ、早急に確立されねばならず、法とその手続きが開発されねばならない。

都市計画ではしばしば、新しい住民が必要とするものが無視される傾向にあるが、人口密集地や不法占拠の土地では、その場に長く居住している人々のほかに、近年の新しい移住者の利益にもなるように法的に登録される必要がある。基本的に重要なことは、都市での危機の予防と管理であり、人々の保護の仕組みを改善して、都市での危機に対応する活動を整理することが不可欠と考えられる。

論点⑥ 帰ることくらい良いことはない、という神話

難民に共通するのは、自分の意思に反して「家」を離れ、どこかに落ち着く先を求めているということである。しかし、グローバル化した世界は現在、私たちが「難民は帰国を最も望んでいる」と決めつけることに、異議をさしはさんでいる。

たとえば、ナチスの過酷な迫害を受けたユダヤ人やおぞましい暴力の被害者は、いかに自分の生誕の地であっても、そこに戻りたいと思うであろうか。

私たちはつい、人間にとって故郷ほど良いところはないと考えがちである［Scalettaris 2007］。このような考えを自明のものとして、私たちは難民が逃れてきた元の国家を、彼らや民族の「家」（home）と言ってしまうことがあるが、実際にはそのような単純な概念ではない。

単純化された概念はしばしば、難民が逃亡せねばならなかった「場所の現実」と「帰国

する（させられる）人々」の双方を、郷愁（懐旧、追憶、ノスタルジア）をもってみせ、外部者たる私たちを盲目にしてしまう。

郷愁的考えを現代の人の国際移動の問題に当てはめると、受け入れ・統合においては、抑止的な政策と選り好みの基準として機能することになる。結果としてそれは移民を、帰る場所を他にもつ社会的に周辺的な存在とみなしてしまう。その行為は自分本位で、明らかに自文化中心的である。この見方は、全体主義、ネオ・ファシスト運動、そして最後には人種隔離を正当化する危険性をもつ。

国家中心の「家」の論説で焦点となるのは、国民国家内にふくまれる人々である。異なる人々が入国するなかで、国内のより均質的な人口構成を望み、「民族的な生き残り」について懐旧的に物事を強調することは、新しい移住者に対し、居住区の隔離や社会的分離、制度的に閉じられた完全性を押しつけることにつながる。そして彼らの自治やアイデンティティを保全するだけの「多文化的」な種々の計画になる。

難民の受け入れ・統合では、新しく入ってきた人を国家が国内で差別せず、各人の人権を尊重し守るために、彼らの社会への「統合」がどの程度達成されたかを知ることが、どの社会でも必要である。社会統合は、彼らが望まない同化を強いることではなく、受け入れ国で生活する人の集団的アイデンティティを損なうものでもないはずである。

現代では難民の多くが、拡大家族に電子送金システムを使って送金している。難民は互いに会うこともないまま、世界中に無作為に散らばり、社会はもはや同民族や同じ国籍者の孤立した集団として存在するのではなく、多くの土地や国、地域を越えて、互いに即座につながり合う場所となっている。難民はネット社会の一員である。

国家中心の「家」の考え方では、焦点はあくまで国民国家内にふくまれる個人である。しかし現代においては、家が何で、どこにあるといった単に物理的な実体として社会を捉えるべきではない。「どこにどのように所属するか」をめぐるプロセスこそが重要となっている。「家」に対する構造的な評価を超えた動きを根本に見据えるべきであろう。

そのようにして、人々の亡命の問題をめぐる深い理解を得たいなら、思いこみを脱することである。難民に提供すべき「家」、そして私たちにとっての家と現実との間には、しばしば複雑な矛盾があり、その姿は多様で流動化し続けるものである。

論点⑦　拷問、ジェンダー、人身売買とのつながり

難民の調査は、亡命の原因と結果を解明することに主眼が置かれ、大半がその分析で占められている。アイデンティティの喪失と力の消滅は、難民に大きな影響を与える一方、避難は喪失感とともに、他者から経済的、社会的、政治的な権限が行使されることで、輪郭の定まらない混乱状況をつくり出す。

調査や研究は移住プロセスの最初か最後に焦点をあわせている。人が逃げること、逃げ続けることを強制される状況や、受け入れ国での受け入れと定住によって起こる事柄などは、法学、政治学、社会学、人類学、心理学などにとってカギとなるテーマを提供している。

その一方で、現実の亡命プロセス、つまり出発と到着の両極端をつなぐ中間で発生することは、一般に無視され忘れ去られてきた。そのプロセスとは、紛争と逃亡の前後、逃走中、その後に、一定のやり方で引き起こされる行動の連続である。

これらの社会プロセスは、人間集団と制度の絶え間ない相互作用である。発生地から目的地への問題のない移行として移住を見る、規格化された仮定を変える必要がある。

逃亡する人は、逃亡前や逃亡中に様々な形の暴力を経験することが多い。難民認定の申請者は申請の際、拷問の事実を証明するものの提出を求められる。しかし実際上、そのような証拠は何もない。彼らには心理的トラウマがあり、何が起こったかを筋道立てて包括的に話すことは、とくに難しい。拷問からの生存者は心身を破壊され、社会復帰と社会統合が阻害されている。

イギリス内務省は、医学的証拠を十分に考慮してからでなければ、庇護申請者の言い分を信用しないという決定を下してはいけないとしているが、イギリスでは八四％のケースで、庇護を審査するケースワーカーが否定的な判断を下し、医学的証拠を退けていた [Gregg and Pettitt 2017]。ケースワーカーはたびたび、医療者が判断した拷問による傷と物理的な傷の評価をせず、別の見方をしているといわれる。内務省の指針自体は良いものだが、運用面でのこうした不備が指摘されている。

拷問の証拠をめぐる不適切な扱いがあれば、難民認定の審査は、長期で、費用のかかる控訴につながることになる。それは何ヵ月も何年も控訴者を苦しめ、政府は庇護制度を通じて膨大な金額を支払わねばならない。公共サービスがすでにパンク状態にあるなかで、無駄な資金をさらに追加しなくてはならなくなる怖れがある。そうしたこともあって、イギリス内務省による庇護の判断は、裁判官の手で訂正されることがあるものの、控訴での成功率は平均三〇％といわれる［*ibid.*］。

社会的に形成された性差や性規範を概念化したジェンダーは、その現れ方が各々の社会の文脈ごとに異なり、歴史的な時期でも異なる。過去二〇数年、ＬＧＢＴＱ（性的少数者たち）の個人の状況に対してはグローバルに関心が高まり、いくつかの国では性的指向やジェンダー・アイデンティティをもとにした庇護と難民としての保護が、迫害から逃亡した個人に対して拡げられてきている。難民法の文脈のなかで、性的指向およびジェンダー・アイデンティティの概念の分析と解釈が近年進展し、世界中でＬＧＢＴＱに関係する難民が庇護要請をするようになってきた［UNHCR 2008］。

性的な少数者である強制移動民の調査は、ごく最近始まったばかりであるが、性的少数者への社会的・法的保護のない国では子どもや青少年への性的虐待、過去のトラウマ的出来事や急迫した事情を受けての庇護申請の事例があること、また受け入れ国での定住プロセスにおいても精神衛生の問題が生じる事実が発見されている。ＬＧＢＴＱの人々のアイデンティティや所属意識と原因国・受け入れ国の宗教・信念との間の矛盾した関係も問題とされている。

これら社会的立場の弱い少数者たちは、貧困、飢餓、貧弱な保健・医療、失業状態のほかに、彼らを抑圧する文化習慣から逃げることを余儀なくされる。西欧諸国で最も問題とされる、女性器の切除、強制結婚のようなものから、全身をおおうベールの話まで、習慣の問題は多岐にわたる。

シリア難民に例をとれば、避難先での地元民と難民の結婚の問題がある。シリア人家族の多く（とくに極貧者）は、非常に若い年齢で、少女や女性を受け入れ国の地元民と結婚させている。花嫁が、より安全な将来を築くためにといわれているが、それは家族への見返りである収入の手段でもある。結婚は、結婚年齢と当事者の意思の尊重に根ざし、透明性が確保された公的な制度上の条件を前提とすべきであろう。

ジェンダーや難民性が人道機関や難民によってどのように形成されるかは、重要な研究課題である。たとえば「脆弱性」に焦点をあわせた場合、それがどのように現れたり消えたりし、異なる政治文脈のなかで、どのように異なった意味をもつかという問題がある。その他、女性の経験について、ジェンダーと階層の間の交差性（インターセクシュアリティ）

の影響を知ることも重要である。

マス・メディアや行政官吏、NGOは、典型的には人身売買とその犠牲者の惨状に焦点をあわせるが、救助後の生活にはあまり注意をはらわない。同様に、事業上は犠牲者の人数という量的側面が優先され、人身売買の犠牲者の生命、生活の理解といった内容的・質的な面が、おろそかになっているように見える。

ソーシャルワーカー、弁護士、援助関係者と犠牲者は、個人の身体が売買された後、法的に不確実な状態のなかで搾取され、そのうち多くの人がいかなる貧困を経験するかを熟知している。しかし、人身売買が話題にのぼるようになっても、これらの事後的な問題は予算的、時間的、人的制約もあって依然、適切に対応されているようには見えない。

もう一つの危機的な問題は、「国際結婚による強制的な移動」(forced marriage)である。この移動による影響はすべての国と地域におよび、とくに送り出し国(原因国)の経済開発の進展と、受け入れ国における人口の少子化や高齢化など人口学的変化をもたらしていると見られている。

受け入れ国とくに先進国には、途上国から多くの人々が流入するが、その大半を占めるのは女性である。この現象は一般に、ジェンダー分野や人権における問題と見られ、強い法規制が必要と見られている。しかしこの現象は、より複雑であり、ジェンダー化されていると同時に、開発問題としての側面をもつ。社会的、経済的不平等という要因が根底にある。

国家が計画して移動させていることもあり事態は複雑だが、女性の立場を踏まえた力の不均衡の是正や国家による社会的、政治的改善が必要な問題でもある。規制モデルと人権、法との関係があり、また民族性とアイデンティティ、国籍／市民権の関係の問題もある。

グローバルな状況のなかで、ミクロとマクロの段階での対応のギャップや、地域ごとの共通性と違いを認識し、国際および各域内での協力モデルを探る必要がある。

論点⑧　「家族」という理想化された概念

ミクロ段階では、移動は社会関係に影響される。違いをつくり出す要因はとくに、家族、世代、階層、民族性、ジェンダーに関係するものである。

移動では、財力のある豊かな人々が早く安全に目的地に到着できる一方、貧しい人々は、魅力の乏しい目的地に安全性の低い形で到着することが一般的である［Kunz 1973; Kunz 1981］。

難民・庇護申請者の社会的・経済的背景が異なれば、移動の形も異なってくる。各国の移住制度が制限的になればなるほど、入国のための移動費用は増す（密輸業者への不当な支払いの高騰）。各国の移住制限は、移動する人々の社会階層化につながっている。

実際、紛争が発生した場合には、家族として逃げることができるのは、ほんの一部の人々のみである。逃亡時期のタイミングが遅れると、家族の何人かのメンバーは死に、残った家族は懸命に先を急がねばならない。家族の離散中は、保護、世話、情緒的な支援のような家族機能を保つことは困難である。そして逃亡中の分離した家族が再会するまでには長い時間がかかる。

しかし「家族」という一般に理想化された概念を、ここで安易に使うことはできない。避難による影響とは別に、この概念では家庭内で起こるジェンダーや世代間の対立を考えることがないからである［小泉 2019］。

家族内では、困難な現実に対する適応上の違いが起こり、家族内での考え方に変化が生じ、家庭内不和が起きる可能性がある。典型的には、子どもは学校でいち早く社会化され、大人よりも適応が早い。言葉を早く習得した子どもがコミュニケーションや種々の手続きで一部、大人の役割を果たすようになると、家族内での立場が逆転して、雰囲気が悪くなる。

難民化を伴う強制移動はまた、男性と女性に異なる衝撃を与える。女性と年長者は家にいることが多く、受け入れ社会で望まれる行動・習慣の習得が遅くなる。女性がもつ特定のニーズと願いは、一般に無視される。

また反対に、援助計画で女性を優遇することは、家族の長であり保護者、物事の決定者として振る舞ってきた男性の伝統的な役割を崩す可能性がある。女性は国際NGOの指導下で人権や権利の話を知り、それらを通じて自分たちを見、考えるようになるかもしれない。

逃亡・避難と難民経験は世代間で違いがあり、受け入れ国の地域社会と国はジェンダー秩序に従い権威を発揮するので、男女はそれぞれ異なる影響を受ける。それが家族に深刻な亀裂を引き起こすことも十分にありうる。

論点⑨ メディア報道と政治の背景にあるイデオロギー

難民と避難民（両者は強制移動民）は、生存自体が脅かされる状況や、法的地位の弱さのために、国際援助者や受け入れ国政府等の外部者に頼らねばならないという、不平等な力関係のもとに置かれている。

しかし「難民危機」に対し人道活動が増えるなかで、多くの国々で、伝統的に彼らに与えられてきた保護と援助の仕組みが弱くなっている。受け入れ国政府は、入国者が文化的、民族的に自国民と著しく異なる背景をもつとき、難民や庇護申請者の受け入れにますます尻込みする傾向がある。

先進国では庇護申請者、難民、移民の増加が、犯罪や暴力行為の発生率の上昇と関係してきたとよくいわれる。各国は戦火や迫害から避難所を求める人々に壁をつくって、彼らの入国を抑えようとしている。

マス・メディアの報道――あおられる恐怖

難民の絶望的な窮状が衛星中継のテレビ画面で日々映し出され、世界中の人々がそれを見る。それに心を揺り動かされた大衆の声が、各国政府の指導者の考えや行動に大きな影響を与えている。テレビは、グローバルな一体感を情感的に育む媒体である。救いのない哀れな窮状に身を置かれた人々のために、国が正当な責任を引き受けるよう大衆は求め、国にのしかかる圧力は一層強まる。

マス・メディアの影響と「感情の政治」(politics of sentiment) は、今やグローバルに拡がり、事態に活発に介入するよう政府に圧力をかける大衆の声が、暴力紛争のすべての被害者に代わって、大きな力をもつようになってきた。

ただし介入の可否は、裏づけとなる金次第である。現在の国際難民制度は暴力の根源や難民発生の原因に取り組むには力不足なので、難民の国際保護の制度は主に、物資配布を軸とするグローバルな福祉制度に置き換えられている。難民流出の原因に実際に取り組んでいるのは、域内の隣接する国々である。

その一方で、マス・メディアは大きな影響力をもち、時に私たち大衆にパニックを引き起こす。マス・メディアの報道は、非合理な怖れを高める場合もあり、人々を分断している。たとえば、近年の欧州での難民流入に対し、マス・メディアはそれを「グローバル難民危機」と呼び、事態は深刻で、例外的、恐怖といった警告的な文言を用いて報道した。国民は不十分な情報と非合理な論拠に頼らざるをえず、理性的になることができなかった。

また今あるメディアに加え、SNSのような新しいメディアが世論の形成のうえで大きな役割を担い、地域社会の人々に難民を歓待するか排除するか、態度の決定に強い影響を与えている。難民と地域住民の間で、緊張と争いを起こす要因は、おおむね四点が知られている。

① 政治的問題と治安・安全の問題（とくに、住民より難民数が多い場合）。
② 職業機会や有限な資源の獲得競争（援助で地域社会は恩恵を受けるが、途上国の場合はとくに、土地、水、薪などの確保の問題を生じる）。
③ 公共運輸機関、教育、社会福祉の面での負担増。
④ 社会・文化面でのあつれきの発生。

人々はメディアが報じる情報・知識や意見に強く依存し、彼らの社会認識は、メディアにより形成される。こうした社会認識は社会的に共有され、量的・質的に限界はあるものの事柄を判断する基礎情報の根拠のすべてとなる可能性がある。その結果、これらの情報は人々に、難民は社会の懸念材料であるという考え・態度をとらせることになり、国境を越えた連帯の可能性は弱められる。

ＥＵが問題に直面した際の「グローバル難民危機」という言葉使いは、三つの点で誤っていた［Doomernik and Glorius 2017］。

第一に、危機は難民によって引き起こされたのではない。ＥＵの能力不足と、メンバー国が適切に共同して対処できなかったことにこそ原因がある。このことが、政治的な大混乱と危機の感覚を生み出した。

第二に、そうした恐慌状態に陥ったのは今回が初めてではない。ＥＵ各国はすでに一九九〇年代、旧ユーゴスラビアの崩壊のとき、安全を求める大変な数の人々の流入に圧倒される事態を経験していた。

そして第三に、シリアやその他の国からの難民が欧州へ移動する原因となったのは、通説とは異なり、ドイツのメルケル首相（当時）の歓待の言葉ではなかった点も重要である。演説の数年前から、欧州をめざす庇護申請者はすでに増え続けており、地中海を横切って欧州の国々に漂着していた。彼らは新規の移動者ではなく、すでに欧州をめざして移動する最中だった。

経済的なグローバル化が時代の支配的な力になったとき、「他者」への同情は逆に自国民のなかで溶解し、苦境の人々に手を差し伸べようとする気持ちは薄れる傾向にある[Adelman 1999]。

こうしたなかで、グローバルな地政学の傾向を理解することは、国民の社会認識を形づくる力を知るうえで役立つかもしれない。社会は世界のグローバル化を映し出し、社会がグローバル化をつくりもする。したがって、現地のナショナリズム等の社会的な流れを知るには、二〇世紀末に自国民中心主義を育んだ経済的、政治的な力の評価が重要かもしれない。

根底に、政治的に優勢なイデオロギーの存在がある

グローバルには、移住をめぐる論議は近年、ますます否定的になってきた。移住は高度に政治化された話題となっている、といえる。難民や庇護申請者をめぐるメディアの報道は、彼ら難民にどのような影響を与え、それはどのようにすれば改善できるのだろうか。難民はメディアにどのように描かれたいと思っているのか、そして彼らのどんな話が語られるのを望むのだろうか。出発点は、「移住は問題である」という支配的な考え方の検証である。「移動の自由は良いこと」とされる。なぜなら、それは近代社会の解放のシンボルだったからである。一方で、奇妙にも「移住は悪いこと」とされる。なぜなら、それは侵略や避難の古い記憶を再び思い出させるからである。

近年のグローバル難民危機を受け欧州内で公にいわれたのは、避難を求める難民がいる

というが、自分たちこそが危機の犠牲者であるという主張だった。その結果、移住は適切な政策によって制御し、人々は原因国に固定すべきだと認識されるようになった。

受け入れ国が他者の流入に抑制的な意向であれば、厳しい国境管理をとる。逆に、考え方に余裕があれば、より寛大となり、移住の根本原因への対処、とくに原因国の貧困や暴力に目が届くようになる。そうすればいずれ人々には移住の必要がなくなる、という論理である。

しかし、どちらの考え方においても移住は有害で、社会に機能障害を起こすものと見ており、結論としては同じである。ここでは、人が「動く」ことは社会の繁栄と公共秩序にとっては脅威となるので、彼らは「家」に留まるべきだと考えられているのだ。

これらの考え方は欧州の場合、植民地政策に始まる長い伝統に根ざしており、現代の大半の国際開発機関に受け継がれている［Castles 2010］、ともいわれる。

しかし先進国は、国内で働く移民労働者の力を必要とする。そのため、現実には難民・移民の南北移動を禁止するのではなく、むしろ労働力の輸入国となり、送り出し国、そして移民自身とともに三者のウィン・ウィン・ウィン状況［*ibid.*］をめざす、という矛盾した状況を是認せざるをえなくなっている。

「他者」は異常で潜在的に危険――この発想は二〇世紀初め、大勢の移民が流入したアメリカで発展した同化理論にすでに現れている。同化理論では、移民の文化は無益で、新しい環境には有害な事柄だとされていた。

そのため移民は、社会化や文化変容のプロセスをたどらねばならず、元の文化を断念し、新しい社会の価値、規範、振る舞いを身につけねばならない、と主張されることになった。移民は主流文化を選びとる必要があるというのは、今日の大半の国々で、非常に強い影響力をもっている。

難民の問題については、私たちが十分に引き受け可能な範囲内で対処するために、人の避難という事柄を、解決可能な問題として正確に位置づける必要がある［小泉 2018-a］。

これまでマス・メディアや政治家は、「危機」という言葉で難民、庇護申請者、移民を一緒くたにし、「脅威」のイメージを想像的につくり上げてきた。「危機」という言葉が意味するものに対し、別の選択肢を考えることが今こそ必要となっている。

第2章 難民はどう定義・分類されてきたか

論点⑩ 現代は紛争の性質に変化がある

現代世界の逃亡と庇護

世界中の貧困や不平等と暴力の危機があわさって、先例のない数の人々が、身の安全と、より良い生活や職の機会を求めて家を逃げ出している。人の「移動」（移住）は、二一世紀を説明する重要な特徴の一つになってきた。そのなかでも難民をふくめた「人の強制移動」が、現代世界の社会変化の中心的な位置を占めている。

現代世界の難民・避難民は八〇三〇万人を超えており、世界人口の一％に近づいている［UNHCR 2021］。強制移動は今や、より大規模な形をとり、それも短期・短時間のうちに発生するようになっている。イラク、旧ユーゴスラビア、ルワンダ、コソボ、シリアがその例である。

多くの場合、急進的な愛国指導者が紛争を悪化させたり、民族間での暴力を扇動・触発したりして、人々を逃亡に仕向けるためにメディアを使う。資源を求めて相争う軍事指導者による新しい形の暴力や戦火によって国は崩壊し、社会・経済制度は全体的に破壊される。世界の武器市場では、小火器や地雷の需要が増している。

世界の難民の九〇%以上は、途上国にいる。数多くの難民流出を受け、「南」の多くの政府は、世界の難民負担の大部分を背負っている。世界の難民の大半は現在、途上国が位置する域内諸国に閉じ込められている。

トルコはシリアからの難民・避難民三二〇万人をかかえるほか、同国にはアフガニスタン、イラン、イラク、ソマリアその他から戦火や人権侵害を逃れた約三〇万人がいる。エジプトは二一万五〇〇〇人の難民を受け入れている。多くはエリトリア、エチオピア、ソマリア、南スーダン、スーダン、イラク、シリア、イエメンからの人々で、ほかに推定三〇〇〜五〇〇〇万の移民が、カイロや他の小都市に住んでいる［Lytinen 2009］。

パレスチナでは、パレスチナ人とユダヤ人が自分たちを領域的、政治的に分けようとして、一九四〇年代から現在まで相争う状況が続いている。南北アメリカでの難民数は減り始めたが、ベネズエラから周辺国のコロンビアや他の南米諸国への逃亡があった。またシリア内戦以降、シリア難民の状況は最大の難民危機となっている。

地理的には、アフリカ、中東で難民数が多いが、両地域は単に難民の発生地域であるだけではなく、避難の場所でもある。これらの地域は過去、人道的な見地から何百万もの人々の受け入れに応じてきたが、今や新規の難民受け入れには門戸をかたく閉じている。多くの受け入れ国は難民の流入により、安全保障や環境悪化への脅威を感じている。庇護申請者を排除する傾向は、「北」の国々のほかに「南」の国々にも拡大している。

これらの国々が受け入れている人々の大多数は、難民でも移民でもない、いわば「戦火被災民」であり、「危機難民」とも呼ぶべき人々である［小泉 2018-a］。しかし彼らは、現今の国際保護の基準と分類には当てはめられず、人道的な保護が十分に与えられているとはいえない。現実には、大きなギャップが存在している。

グローバル化に伴い、政治・経済のエリートが自分の意思で国境を越えることができるのは事実である。他方、貧者は自国内に留まる。大半の人々は、自由な移動に必要な経済的な資力ももたず、かといって政治的権利を主張することもない。移住ができない人々にとって、移住は富を獲得するチャンスだが、それが命がけになることも知っている。

避難・追放は、戦争の手段

人の強制移動は、新しいものではない。それは主に戦争、占領、そして政治的争いの結果であり、人類史と同じように古い歴史をもつ。近世には、奴隷貿易という形での強制移動もあった。逃亡と亡命は大半の宗教の聖典のなかに見出すことができ、国家の礎となる神話の材料となっている。

それに対し、戦火等による現代の人の移動が一国内に留まることはめったになく、アフリカ大湖地域、アフリカの角、コーカサス、バルカン、中東のように、周辺地域および世界全体にまで影響をおよぼしている。

これまでの難民・強制移動研究によれば、①今日の大半の紛争は国内で、民族的、宗教的立場の違いによって発生し、国家間の戦いはごく少数である。②戦争の多くは非公式で私的なものである。正規軍ではなく、民兵や傭兵による戦いとなっている。③戦闘員同士の殺し合いから市民の殺害へと主軸が移り、死傷者の九〇%が市民である。④紛争は永続化し、再発する（とくにアフリカ）。兵の動員解除は、彼らへの就業機会の欠如、社会からの強い嫌悪感、元兵士による攻撃的態度などを原因として、しばしば失敗している。⑤戦争に難民が関与させられる割合が高い。

上記を招いた理由としては、「民族浄化」という言葉で表現されるように、人々を追い出すことが戦争の目的となっていることが挙げられる。近代兵器の殺傷能力は高く、また地雷の敷設によって、人々は土地を離れざるを得ない。

重要な点は、多数の人々の避難・追放が、今や戦争の手段にもなっていることである。政府側も反政府側も、様々な政治的・軍事的な目的のために、人々の「避難」を手段として使っている［小泉 2015］。

これは、武装勢力が人間や領域を支配し、その他の資源を入手し、維持するための方策である。避難・追放という手段の使い道は様々で、民族的、文化的に一様な社会に再編するため、国家への忠誠度が疑問視される人々を取り除き一集団の独占支配を築くため、空爆から兵力を守る盾として使うためなどの目的で、人間集団を移動させている。

戦地にいる女性は、戦闘員の性奴隷にされたり、国際ギャングに売り飛ばされたりしている。人身売買は主に女性、子どもを対象とするが、借金で隷属状態にされる男性もいる。一九九四年のルワンダにおける一〇〇万人を超えるツチ族の虐殺は、国内紛争の以前の解決法である民族浄化というやり方に逆戻りしたように見える。しかし、ルワンダだけが「難民問題」の解決法として民族浄化に頼ったわけではなく、旧ユーゴスラビアやアゼルバイジャンのナゴルノ・カラバフでも同様の事態が発生している。

現代の難民危機は、政治的不安定、民族間の緊張、武力紛争、経済的崩壊、環境悪化、そして市民社会の崩壊が結びついた「複合的な緊急事態」(complex emergencies)である。難民は移動して、しばしば国外にあふれ、環境被害や食料不足等の問題をさらに悪化させている。人の統治・管理についてもグローバルな対応が避けられなくなり、政治的、社会的、倫理的な責任もグローバルに問われるようになっている。

難民状況は単発的で、他の出来事とのつながりを欠く特別・特殊な緊急事態だとする従来の古い見方は、二一世紀の新しい現実とは合わなくなっている。現代では伝統的な国民国家という見方を離れ、国境を越えた新たな視点から考える必要がある。

マルキは、「我々は、爆弾と移民の時代に生きている」［Malkki 1995］という。この現実に対し、各国は先進国、途上国を問わず、事態の打開に消極的な態度をとり、国境の管理を強化している。入国許可は極度に抑制的で、各国の国際協力はむしろ、人を締め出すための協力体制となっている。

しかし問題は移住自体にあるのではなく、大半の南北移動を呼び起こす、不平等な状況にこそある。このことが、人々の周辺化と搾取、そして移動につながっている。

数多くの避難民を扱う、ある種のカギとなる技術が最初に規格化されグローバル化したのは、第二次世界大戦直後の欧州であった。その一つである「難民キャンプ」は、同時期に欧州でつくられた避難民キャンプがその原型である。元来は軍用バラックがそのモデルであり、その建物の配置の仕方や構造は多数の人々の管理に適しているとされていた。だが重要な点は、そうした監理手法の背後に押しやられる「人間が受ける経験」である［小泉 2005］。

ともあれ、一般的な移動、とくに強制移動は、グローバルな流れとつながり、今日の最も重要な社会的な事象の一つである。個人は国家により保護される権利をもつべきだ、という抽象的で普遍的な原則があり、さらに一つの国で迫害されたらその個人が庇護を見出した国で保護を要求する権利をもつべきだ、といわれるが、しかしその権利が現実に行使されることはほとんどない［小泉 2018］。

「国境なき世界」というユートピアは、まだ現れていない。そのため、不平等と差別、国家による管理と制限に基づくプロセスとして移動を分析することが妥当と見られる。国際社会が人権遵守を進め、各国の国民のなかの少数者を守り、民族紛争を管理し、グローバルな武器取引を抑えることができなければ、難民流出は終わることがない。

なおその際、私たちの肌の色もしくは外的な物理的な特徴が内的な性格の違いや知的能力を表すと、もしも心の奥深いところで大半の人々が信じるなら、そうした人種的偏見は誤りだと強く主張せねばならない。

論点⑪ 逃亡の原因と結果、影響は複雑化し多様化している

人の国際移動は、我々の住む世界を形づくるカギとなる要素の一つである。現代が社会的、経済的、政治的に変化しグローバル化するなかで、移動は中心的な役割を演じている。移動はつねに、これらの変化によってもたらされた事象の一部である。グローバル化の状況下、その過程は速度をはやめられ、強められている。

グローバルな移動は、政治的安定、国の安全保障、経済開発に影響する。各大陸で人の移動は継続し、それによる社会的、文化的、政治的な影響をふくめ、従来の国籍、市民権、文化的アイデンティティの見方を変えていく。全体として、移動する人々は、社会にどの

ような影響を与えるのだろうか。

先進国の人々は、難民の大半が欧州や北米に移動を試みると考えているが、これは真実ではない。パキスタンやイランは、多くの難民を長期にわたり受け入れている。移住は、その過程を継続・維持するための社会的メカニズムを移動先につくり出し「自己永続化」する。その地域を越える目的地を目指す難民は多くはない。

難民をふくむ強制移動には多くの原因があり、多くの形態をとる。人は、迫害、人権侵害、抑圧、紛争、そして人災、自然災害を理由として、避難のための移動を行う。多くの人は自らの意思で、生命を脅かされた状況から逃げる。

とくに紛争の場合、政府や反乱武装勢力は地域を無人化したり、もしくは民族的、宗教的に人口構成を変えるために、人を土地から追い出そうとしたりする。いくばくかの人は自国を何とか逃れ、一時的にか永続的に、落ち着く先を国外に見出す。

難民は長い距離を移動することもあるが、大半の人は地理的に比較的近い隣国へと短い距離を移動する。その一方で、多くの人々が国内に閉じ込められるか、自国の状況が根本的に変わる前に帰還を強いられている。一時的な移動先は定住の前段階となる可能性もある一方、一時通過国となるはずだった国が受け入れ国にもなりうる。

「南」と呼ばれる国々のなかでも、南アフリカ、ナイジェリア、アルゼンチン、メキシコ、タイのように、こうした短距離移動の目的地が地域内に現れてきている。正確なデータは不足しているが、これらの国々は〈南-南〉に移動する、たくさんの人々を引きつけている。

強制移動の問題は、難民キャンプで表現される従来の難民のイメージよりも、はるかに広く複雑な現象である。移住一般にいえることだが、移動する人々には多様性があり、文化的にも多彩である。運輸、通信手段の劇的な進歩は、国境を越えた社会的、政治的、経済的、文化的なつながりを移動民に維持し、発展させ、国を越えたアイデンティティや連絡網と生活を新たに生み出している。

移動するのは主に若い男性だという過去の想定は崩れ、女性をふくむ、様々な年代の人々が移動している。従来、女性、子どもや年配者の移動は公的とは見られなかったし、研究からは除外され、目に見えなかった。彼らの移動人口が傾向として増加しているかどうかはまだ不確かだが、いずれにしても無視し得ない存在となっている。

彼ら難民は新しい国に定着しながらも、自国とのつながりを維持する。地域、国家、そしてグローバルな場面での諸々の変化は、人々に移動への希望を与えている。しかし問題は、そこに原因国と受け入れ国の事情が広く関係するということである。

永続的であれ一時的であれ、すべての移動の形態には、政治的、経済的、環境的その他の要因がふくまれている。移動の理由をめぐっては次の点に留意する必要がある。

郵便はがき

料金受取人払郵便

神田局
承認

7846

差出有効期間
2024年6月
30日まで

切手を貼らずに
お出し下さい。

101-8796

537

【受 取 人】

東京都千代田区外神田6-9-5

株式会社 明石書店 読者通信係 行

お買い上げ、ありがとうございました。
今後の出版物の参考といたしたく、ご記入、ご投函いただければ幸いに存じます。

ふりがな お名前	年齢	性別

ご住所 〒 -

TEL ( ) FAX ( )

メールアドレス	ご職業（または学校名）

＊図書目録のご希望 □ある □ない	＊ジャンル別などのご案内（不定期）のご希望 □ある：ジャンル（ □ない

書籍のタイトル

◆本書を何でお知りになりましたか？

□新聞・雑誌の広告…掲載紙誌名[ ]
□書評・紹介記事……掲載紙誌名[ ]
□店頭で　□知人のすすめ　□弊社からの案内　□弊社ホームページ
□ネット書店 [ ]　□その他[ ]

◆本書についてのご意見・ご感想

■定　価	□安い（満足）	□ほどほど	□高い（不満）
■カバーデザイン	□良い	□ふつう	□悪い・ふさわしくない
■内　容	□良い	□ふつう	□期待はずれ

■その他お気づきの点、ご質問、ご感想など、ご自由にお書き下さい。

◆本書をお買い上げの書店

[　市・区・町・村　書店　店]

◆今後どのような書籍をお望みですか？

今関心をお持ちのテーマ・人・ジャンル、また翻訳希望の本など、何でもお書き下さい。

◆ご購読紙　(1)朝日　(2)読売　(3)毎日　(4)日経　(5)その他[　新聞]

◆定期ご購読の雑誌 [ ]

ご協力ありがとうございました。

ご意見などを弊社ホームページなどでご紹介させていただくことがあります。　□諾　□否

◆ご 注 文 書◆　このハガキで弊社刊行物をご注文いただけます。

□ご指定の書店でお受取り……下欄に書店名と所在地域、わかれば電話番号をご記入下さい。
□代金引換郵便にてお受取り…送料+手数料として500円かかります（表記ご住所宛のみ）。

名	冊
名	冊

指定の書店・支店名	書店の所在地域 都・道　府・県　市・区　町・村
	書店の電話番号　(　)

① 現代ではますます、複数の動機が混じり合い合成されて、移動の要因を形成するようになってきている。経済、政治、環境要因が出国圧力をつくり、受け入れ国との間で相互作用している。

② そのため、移住管理の視点だけでは、異なる流出形態について状況の解明と対処ができない。多くの場合、原因国では労働移住や家族再会の現実的な政策が存在せず、それが難民・避難民の出国に高い圧力となって、不規則移動を増加させている。一方で合法的な移住や一時保護にも、対応の不適切さや機能不全があるため、不法移民が増え、人身売買が加速している。

③ 援助と保護が必要な国内外の避難民集団には対応の必要性をめぐって多くのグレーゾーンがあるが、国際制度や委任事項ではカバーされていない。

過去二〇数年、人の移動は右記のようにますます多様化し、グローバル化し、政治化されている。過去の、大西洋を越えた新大陸への奴隷移動、第二次大戦後の反植民地闘争での移動、冷戦下でのイデオロギー的な移動と比べ、今日の移動は社会的にも人口学的にも多様で、移動の形も理由もますます不均質となり、モザイク状になっている。移動は、グローバル化の影響下にある国や地域で、変化を早める触媒となっている。

一九九〇年代半ばまでには、冷戦期のアフリカでの反植民地闘争、米ソの代理戦争に代わり、旧ユーゴスラビアやルワンダのような「複合的な緊急事態」と呼ばれる多様な原因による戦争が発生した。これにより難民数は莫大に増加したが、のちに武力紛争の終結や体制の変化を受け、かなりの数の難民が帰還（帰国）した。たとえばルワンダ（一九九六年）、旧ユーゴスラビア（一九九六〜九九年）、アフガニスタン（二〇〇二年以降）で難民が帰還している。

ただし、アフガン難民の全帰還民数五〇〇万人は累積的な数字であって、実際の避難者の数よりも多い。難民は二度以上帰還することがあるし、国外で生まれた子どもたちも帰還者数にふくまれている。一方、その他の国々で、公式の帰還計画によらず経済的、家庭的理由などから自力で帰還する難民もいるが、彼らは統計上の数字にはふくまれていない。

こうした状況下で、国際移動の形態は一層複雑となり、互いに遠く離れた人々と社会を結びつけている。国際的に移動する世界人口の割合は過去三〇年、劇的に変化しているわけではないが、移動する人々の目的地、動機、旅行の様態は、より多様化している。

そのなかで、法的に難民と認められる人（refugees）の数は、一般的なすべての国際移民のわずか五％である。その数に、難民に準じた人、庇護を求める人（asylum seekers）、避難民（displaced persons）の数を加えれば、数値は二〜三倍にはねあがる。

現在、法的な意味での難民と呼べる人々は、人数的にはかなり少なくなり、ＵＮＨＣＲが保護と援助の対象としている人の半分もいない。ＵＮＨＣＲによれば、二〇〇六年、世界の難民数は約八三〇万人で、過去最低レベルにまで減少した。ピーク時の一九九〇年には一七〇〇万人であった。減少した理由は、原因国が難民の帰還策をとったことと、武力紛争の終結や体制の変化を受けて主要な紛争の程度が和らぎ、かなりの数の難民が帰還したことがあった。

ただ注意せねばならないのは、このような難民数減少の背景には、難民を帰還させる受け入れ国側の政府や原因国政府の側に、たとえば帰還しなかった人を難民と認めたがらない傾向がある、ということである。受け入れ国には、どうしても帰還に抵抗する人々が残ってしまう。受け入れ国は彼らを難民の範疇から外そうとする。そのため難民と分類されないが、難民同様の状況にある人々が数にふくまれないことになる。

その一方で、UNHCRがかかわる国内避難民（IDP）の数は上昇した。その数は二〇二一年までに五三二〇万人に上る［UNHCR 2022］。国内避難民の主な発生国はアフリカだが、その他南米のコロンビア、そして中東のシリアなどがある。また、無国籍者の多くはパレスチナ人が占めている。

ところで、難民への援助はどうなっているのだろうか。アフリカ・コンゴ民主共和国の東部に逃れてきたルワンダ難民の事例のように、難民援助は紛争と抑圧を永続化させることもある。そのため一九九〇年代後半、国際機関、政府、NGO等の人道援助機関や組織では、いつ、どんな形で難民保護に対応するかを決める基準や指針づくりが進められた。

各実施機関・組織はそれぞれ分野ごとに専門的な特性や知識をもっているが、組織上の

「文化衝突」は避け難く、ともすれば現場での活動が妨げられ、調整が続けられてきた。人道援助機関の「組織文化」とその影響の問題は、重要なポイントである［Walkup 1997］。強制移動にはその他、すでに述べたように、人の密輸、搾取、人身売買、受け入れ国での統合など、関連する数多くの問題があり、各支援機関は対応を迫られてきた。

人身売買についても近年、多くの国々が、主としてアメリカ政府の圧力を受ける形でその研究に資金を提供してきた。たとえば南アフリカでは、同国の政策担当者や国際移住機関（ＩＯＭ）のような国際機関が、人身売買の問題に高い優先度を置いてきている。

強制移動は今後数十年、消えることはないし、むしろその傾向は高まると見られる。しかし、移動そのものを問題視してしまうと、様々な問題に展望をひらくための芽を摘み取ってしまう怖れがある。

移動という事柄に対しては、根本原因を探ってそれを管理したり解決すべき問題として扱うのではなく、グローバルな社会の発展と変化における有機的な一部として見る方が、より有益である。

論点⑫　逃亡の根本原因から、きっかけまで

現代国家の人民は、一般に多民族から構成され、国内紛争や摩擦をつねとしている。欧

州を例にとっても、旧ソ連圏での民族紛争、バルト諸国でのナショナリズム運動、旧ユーゴスラビアの紛争などがある。それと同時に、反ユダヤ主義、人種的偏見、外国人嫌いが、欧州では西でも東でも増大している。それらの紛争や摩擦が、人々の移動の状況をつくり出している。

民族的ナショナリズムと独立への渇望は、国民の解放戦争と革命、次いで国境を越えた人口移動へとつながっていく。難民が長期にわたり難民キャンプに「閉じ込められ監禁」されれば、キャンプからは好戦的な難民戦士が出撃し、キャンプで生まれた人々は生誕の地で「亡命」という状況に置かれることになる。難民への国際的な関心は、原因への取り組みと予防行動の問題に転じたが、容易な解決策はない。

逃亡の主な原因となる政治状況のうち、あるものは進行に長い時間を要する一方、軍事的占領や革命的変化は一夜にして状況を変えてしまう。軍事占領は主権のありようを変容させ、数時間のうちに権力の行使形態を変えてしまうのである。

リッチモンド（Anthony H. Richmond）は、「素となる要因」と「それを助長する事件」がすべて、大規模の移動を現実に引き起こすわけではなく（事態の流れに沿ったいくらかの「順向的」移動は起こるかもしれないが）、いくつかの「追加的状況」（移動を可能にする状況）が必要となる［Richmond 1993］、という。

たとえば、独裁政権の末期に混乱が生じたり、何らかの理由で国境管理がゆるめば、国境を越えての移動が可能となる。また、国際機関やＮＧＯの救援活動、難民キャンプの設営、旅行文書の発行、各国の受け入れ表明なども、移動への決心を容易にする。

一般に人々は貧しさから脱出しようとすると思われているが、むしろ極貧は脱出の障害となる。脱出する際には賄賂をはらい、必要な書類を入手し、切符を買い、食料を手に入れる等々、脱出を容易にするための手続き・手段と、安全な土地に到達するまでの物資を、あらかじめ準備する必要があるからである。

リッチモンドによれば、権威主義国家でのあらゆる抑圧の形は移動の素因（元の原因）となるが、同時にその国での抑圧的法規や厳しい出国取り締まりは、実際の逃亡をより困難にする。

現実的に移動が起こる範囲と規模を限定するのに働く、この「構造上の制約要因」とは、潜在的な送り出し国の「移住をめぐる法規」や、脱出の動きを物理的に阻止しようとする国境での片方または双方の国での強制的方策や措置の使用などである。いつでも発砲しうる国境の武装要員、「不法移民」への厳格な国外追放措置、難民船を途中で捕捉する沿岸警備隊は、その代表的な例である。

経済的、政治的、社会的、もしくは環境的な突然の諸変化は、軍事クーデターや他国の侵攻などの出来事（事件）の勃発を「促進・助長する要因」となる可能性がある。政治状況によっては出来事の発生までに長い時間を要するときもあるが、軍事クーデターや軍事的占領のようなものは、たちどころに政治状況を変えてしまう。

そうした、いわば「きっかけ」となる重大な出来事には、戦争、人種差別制度の制定、徴兵、特異な宗教計画の設定、大量虐殺政策、反政府主義者や分離主義集団によるテロ行為の続発や、その他の暴力紛争等がふくまれる。

こうした革命的変化は人々の移動を促すが、それはまた、生命、健康、住民の生活への脅威となる、食料供給や住宅供給を破壊する自然災害や、人的なミスによる化学工場の火災・爆発などが引き起こす有毒物質の流出のような技術災害でも助長される。原発の破壊による避難もある。

ただし、移動の発生を「可能にする状況」がいくつか必要である。これは、先の構造的制約要因とは逆の働きをするものである。国境警備のゆるみ、受け入れ国・ドナー国やNGOによる救援活動の開始（難民救済船の出航をふくむ）、入国許可基準の緩和、庇護申請手続きの受けつけなどが挙げられる。受け入れ国の寛大な移民計画や、国際機関による人権尊重への措置も、移動を可能にする要因となる。

脱出には以上のように、一方で経済的、政治的、社会的、環境的、そして生物・心理的な要因が、関係国の間で相互に作用しながらも、他方で「素因」「構造上の制約要因」「促進・助長する要因」「可能にする状況」が、グローバル・システムはもちろん関係国に、移動の影響をフィードバックしていく（図1参照）。

図１　危機により生じる大規模の「反応的」な移動

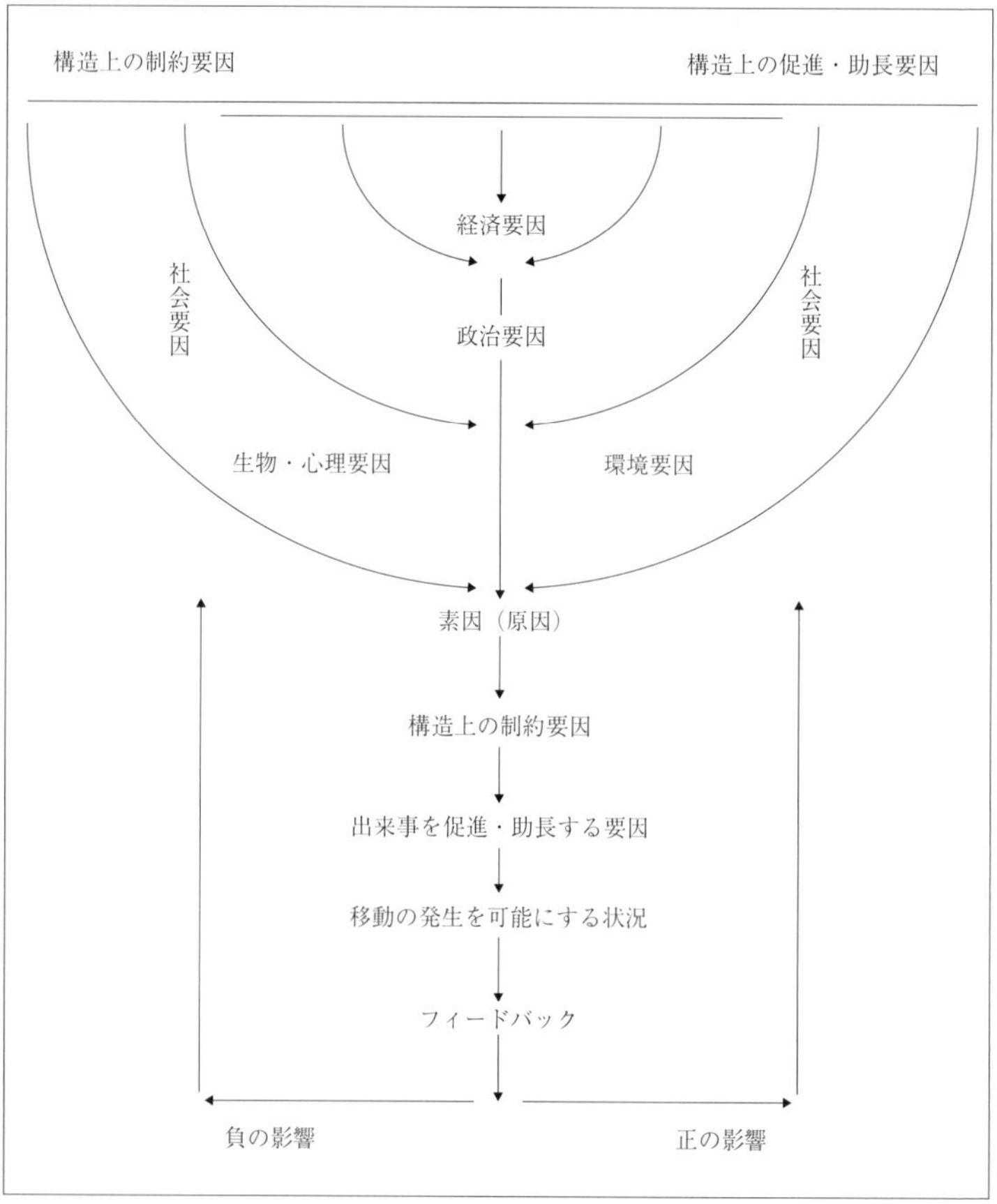

出所：Anthony H. Richmond 1993: 13.

移動が進んで流出する人数が拡大すれば、受け入れ国の人々はそれを、国の安定にとっての脅威であると危惧するかもしれない。そして移住者に対し「国民の反発」が生まれると、受け入れ国は一層の流入を阻止し、制限する方策をとる。難民の資格を厳格に審査し、基準に合わない人々を追い返す措置に出る。自発的な帰国、強制送還の制度が設けられる。

このように、移動の結果として起こる構造的変化の過程と、そうした移動への個人や集団の反応は、当の社会や、自らもその一部であるグローバル・システムに、〈正〉と〈負〉のフィードバック効果をもっている。政治的な諸要因は、重大事件への「反応的」な移動においては重要であるが、しかし唯一の決定要因ではない。

論点⑬ 避難する人と避難せず残る人、事前に予測して避難する人

人々の避難・移動は、生存への差し迫った危機、知覚しうる脅威が迫ったり、物理的安全、健康や最低限の生活が脅かされるために起こる。避難は一時的か、さもなければ長期化するかもしれない。危機に遭遇した人々の避難・移動には、いくつかのパターンがある。

まず、原因国で危害を予測して、移動が起こる場合についてである。脅威をあらかじめ「予測して避難する人々」は事前に選択を行うが、彼らは制約された条件のなかで選択し、ほとんど代替案をもたない。彼らに目的とする国の好みはあるが、個々の危険の感知度合

い、入国許可取得の可能性、そして希望国への定住は自分の願望だけでは実現できないという制約要因が、その選択（定住国）を決定づける。

次に、緊急の暴力や紛争、災害に直面し「急な避難を強いられた人々」は、緊急事態にもかかわらず、限られた可能性の範囲のなかで、どこへ避難するかを決める。目的地を選ぶことをふくめ、その後の第二次移動の場合には、生活の改善・向上、その他に良い機会があるか否かを熟慮して決める。巨大な人道的緊急事態のなかでさえ、多くの人々はいくつかの選択肢をもっている。

環境が変化するなかで、移動は人の適応の形として見ることができるが、資産が少ないと、危機の際に移動への対応能力は非常に弱くなる。移動に直接影響するのは、使える資産の多寡、あるいは交通手段の入手の可否、そして危機地域を越える社会連絡網が利用できるかどうかである。

著名な例は、ハリケーン・カトリーナの被害を受けたアメリカ・ニューオーリンズの場合である。ハリケーンの接近に伴い、資産をもつ裕福な人々は事前に避難した。友人・家族が他所にいる人々も避難した。一方、資産や知人をもたない人々（一般に貧者、アフリカ系アメリカ人、高齢者、私用車をもたない住民）は留まり、洪水が襲ってきたとき、被害にあい、閉じ込められた。移動の可否がポイントとなる状況では、社会的弱者はさらに困難な目にあう［小泉 2018-a］。

そうしたなかで、一部の人々は家を離れ、生命を危険にさらすよりも、「そのまま留まる」ことを選択する。彼らは健康状態や金銭的理由、治安状況その他の理由のため、避難という難事業を躊躇《ちゅうちょ》し、「動けない（動くことができない）」あるいは「動かない（動きたくない）」。それまで、大きな災害を経験した記憶がない（あくまでも記憶のなかでの話だが）と思うときにはとくに、近い将来、災害発生の可能性が高くとも、その土地を離れることをためらいがちである。

ただし、「留まることを選ぶ」のは、「動くことができない」のとは本質的に違う。彼らが動きたくないと望んでいるときには、彼らに最新の情報を知らせたうえで彼らの選択にまかせるべきであり、移動を迫る強制的な措置をとるべきではない。

留まることを強いられた人

ここで大事なのは、「留まることを強いられた人」である。たとえば紛争は、そのときにとりうる移動の形や手段を破壊し、避難行動の継続を妨げる一つの要因となる。一九九〇年代のボスニア、スリランカ、ソマリアその他の場所では、最も人道ニーズが高い人々は、難民か国内避難民として原因国や原因となる土地から動いた人々よりも、むしろそこでの紛争や暴力から「逃げられない人々」であった。

このため国際援助者は、これらの国々のなかに聖域（安全地帯）をつくることを求めた。

しかし実際は、これらの場所は大虐殺が起きたスレブレニツァと同様に、必ずしも安全ではなかった［Black and Collyer 2014］。「留まることを選ぶ人」と「留まることを強いられた人」とでは状況が異なるが、両者を第三者が区別するには、十分な根拠が必要になろう。

近年、「環境的変化のせいで移動できない」という事態が見られるようになった。バングラデシュでは、移動は災害後の対処戦略として使われてきたが、実際には災害が原因国での労働ニーズを増やしたことで移動が減ったり、住民が移動にかかわる必要資源を失うことで、行動に制限をかけられたりしている［Zetter and Morrissey 2014］。

さらに移動を妨げる政策があればますます、移動は減ることになる。政府の公文書には、「環境難民」や「気候変動の犠牲者」のように記述されるが、彼らへの政府の施策は事後的な物資援助に限られるのが通例である［*ibid.*］。

問題は、人々が気候変動や他の危険性が高い場にいることではなく、そうした場で危機に対して何もできない人々がいることである。最も喫緊に必要なのは、危機状況にとらわれた個人の生活の負担をどうしたら軽減できるかを見出すことである。

個人レベルでの判断を考えた場合、避難については、移動距離、資産、累積的な事柄という三つの要因が、移動の決断のタイミングや可否を説明するのに有効だ［Black and Collyer 2014］、といわれている。だが、危険地域に住む人が事前に潜在的影響を考えて動くべきかどうかを決める判断基準は、援助者にも明確になっていない。事態に先んじて対処するか、あるいは災害が起こるまで待つのが得策かの基準や、避難するならどの程度の規模を考えればよいのかが不明である。

そうした際に、たとえば外部からの援助者が、移動の実行に注意をはらいすぎると、彼らが非自発的に（自分の意思とは相違して）動けないことが見えなくなる。完全に可動性を断たれた人々は、資産の欠如や、紛争、危害、政策のような阻害因によって、全般的に脆弱性をかかえがちである。そのことはめったに知られることもなく、対策もほとんど講じられていない。

内戦中のモザンビークでの旱魃《かんばつ》で土地がすっかり干上がった農村では、その土地の男性集団がもっぱら、隣国の南アフリカに出稼ぎの労働移動を行う形態が半ば強制的にできあがっている。他方、後に残された膨大な数の女性集団は、地域内の暴力が激化し、また受け入れ国になるはずの南アフリカが移住を拒んだため、一九八〇年代初期の長期的な旱魃に際しても、通常行っている小規模移動ができず、貧しさの度合いが極端に増した［*ibid.*］。

移動が選択肢になる場合にも、多様な制約がつながって、残留を強制する要因が勝ることがある。モザンビークでは環境災害と内戦、そして南アフリカの抑制的な移住政策が結びつき、人々の移動を押しとどめ、大きな負担を課したことが知られている。

とりわけ多くの研究が示しているのは、気候変動や環境変化に関連する衝撃が、避難の決定に影響する他の促進因に影響を与え、その因子の力を強める働きがあることである。ただし、環境変化により生じる衝撃は避難の引き金になりうるとはいえ、必ずしも原因のすべてではないことにも留意したい［小泉 2018-a］。

動けない人・動かない人

政治的緊急事態や環境災害のような危機状況では、移動が緊急に必要な場合でも、それが実際に行われるとは限らない。明らかに避難すべしという人道的な要請があるところでさえ、一部の人々は留まることを望み、極限的な状況に置かれてさえ、実際に動くか否かは、自発的な選択の結果となっている。したがって、「動けない」と「動かない」の決断の背景を正確に理解し考慮することが、まず必要である。

動けない人（または動かない人）について考えるときには、動く能力、望み、必要性を区別せねばならない。緊急の危機状況のなかで、理論的にも政策面からも、しばしばこぼれ落ちる二種類の人々は、「動きたいが動けない人」と、「動きたくないが、おそらく動くべき人」である。

動くことの必要性は緊急事態では明白だが、しかしゆっくり始まる旱魃のような自然災害の場合には、移動の原因によって動くことが妨げられることがある。動けなくなるのには、個人が動くための能力を欠く場合だけではなく、動く望みや動くニーズを超える要因があるはずである。

避難する能力は複雑で、多面にわたる指標があり、それらには重要な資源や資本、そして動きを妨げる先にみたような南アフリカの政策がふくまれている。要因は数多くあるが、指標としてみた場合、人々自身の「望み」はおそらく、最もわかりやすい。

動けないことは、人の脆弱性を増すとともに、援助者が当事者に接近し接触することを妨げる。移住者が社会の資源であるとするなら、移住を制限したり管理したりする政策は、故意か偶然かにかかわらず、動けない人々を不可視化することになる。

難民の望む目的地が入国を妨げる管理措置を導入すれば、人々は動けなくなる。国際移住の機会はなくなり、事実上、原因国において、たまたまその場所に生まれたという出生の偶然性に頼り続けるほかなくなる。

可動性の（動く）人以上に、不可動性の（動けない、動かない）人についての分析が求められるが、学問的にはまだ希薄な状況がある。人々がなぜ、囚われの身（trapped）になるのかの研究は、まだ非常に初期の段階にある［Koser 2014］。

論点⑭　先進国内の庇護経費は、UNHCRへの拠出額を圧倒

各国、とくに西欧諸国の庇護政策が抑制的になっているため、庇護申請者が単独で自由

に、そして法的に正規の形で入国することは一層困難になった。そして彼ら、いわゆる「自発的に赴き、難民申請する庇護申請者」(spontaneous asylum seekers)の存在が、一九九〇年代初めから各国の庇護政策のなかで、主要な抑止目標の一つとなっている。

庇護申請者への規制が強化された結果、不規則移動(いわゆる不法移動)が優勢となり、人の密輸、人身売買産業が横行した。密輸ブローカーは難民・移民を活発に勧誘するが、原因国内の移動希望者には、どのブローカーを選ぶかをめぐって、多くの市場ニーズがある。うまく入国させられなかった密輸ブローカーは、顧客から敬遠・回避されることになる。入国の際、難民として認可される政治的理由をもたない人々は、移住を望む西欧の目的国で拒否されるが、彼らが帰国させられるまでには数年かかる。その間に、入国した人々は労働して密輸ブローカーに借金を返し、金を稼ぐことができる[Koser 2004]。

そのため、各国政府や政治家にとって、「庇護」は通常の公共政策のやり方では解決できない「悪夢」になってきた[Crisp 2003]。その困難な状況については、以下の点を押さえておきたい。

① 行政経費のかなりの支出にもかかわらず、先進国では一般に難民申請の処理をめぐり、効果的で迅速な手続きを行うことが非常に難しい。結果として、未処理の案件が増加し、認定に遅れが生じている。また、申請が拒否された人の国外追放にも失

敗し、不規則移民への定期的な恩赦が行われている。申請する人々は互いに連絡を取り合って情報を集め、申請の状況を把握している。このことは受け入れ国政府にとっては課題だが、入国を求める人々にとっては、より危険が少なく、好ましく見える。

②庇護は先進国で突出した問題であり、財政的にかなりの負担となっている。正確さや厳密さをめぐっては数字に幾分疑問が残るが、先進国は庇護関連の活動で、毎年約一〇〇億ドル以上を費やしているといわれる。この数字は、UNHCRが世界中の難民に費やす約八六億ドル（二〇一九年）という金額を大きく上回っている。

③先進国が懸念するのは、庇護申請者がますます、厳しい入管制度から逃れるようになり、国境を合法的に開放することが困難になってきたことである。商業的な移住産業（多くの場合、犯罪的行為）が起こり、人間の密輸、偽のID書類の作成、入国審査官の買収が起こっている。国家は、この産業が他の不法な国境越えの活動とつながり、女性・子どもの性的取引、薬物や武器の密輸、そしてテロと結びついていることを懸念している。

④国家の対応が成功しなかったことで、庇護問題は各国の政治や社会を蝕んできた。多くの国の政府や野党はまっとうな公共政策を実施する代わりに、庇護申請者を「スケープゴート」として選挙の争点に使い、庇護の本旨にそぐわない競争をして

いるように見える。イギリスでは、庇護と入国問題が過去数年間、政治課題の最上位にあった。EU内では、メディアが庇護申請者や移民に対して容赦なく否定的なイメージを与えている［Troeller 2008］。そのため、たとえ難民と認定されても、彼らは周縁化され、仕事を見つけることや受け入れ国に経済的貢献をすることが難しくなっている。難民は他人に依存し、社会福祉に頼りすぎるというイメージがつくり出されている。

一九八〇年代末以降、現在まで、一九六〇年代、七〇年代に存在した難民への政治的、経済的な支援は次第に縮小してきている。一九八〇年代、九〇年代には武力紛争と地域での暴力が新しい形で出てきて、難民移動の規模と速度が著しく増してきた。数の増減はあるものの、多くの欧州諸国では庇護申請者が、一年に入国する国際移民の二五％以上を占めている。あまりに数が膨大なため新世代の難民は、受け入れ国とその社会の同情を必ずしも得られなくなっている［小泉 2015］。

庇護が与える影響

庇護が受け入れ国に与える影響は、庇護申請者の数が入国者数の大きな割合を占める国々では大きくなる。庇護申請者が全入国者数のうちに占める割合は国によってかなりの違いがある。たとえばアメリカでは、その割合は小さな部分でしかない。同国での申請数は九・一一の前、一九九七〜二〇〇一年には、年平均六万件（推定で約八万七〇〇〇人）であった。

アメリカでは正規、非正規の移民が、年に一〇〇万人以上増加している。庇護を求めての移住は、すべての人道的な移住のなかで小さな割合しか占めていない。難民定住計画での入国、紛争や自然災害の犠牲者による一時的保護の地位での入国者の方が、はるかに多い。これに対し、多くの欧州諸国での庇護申請者の割合は、全体の二五％強にもなる［*ibid.*］。

政府は難民申請を受けて、その申請を審査し、決定を下す制度を用意せねばならない。庇護の形態と、それによりもたらされる結果を調べると、庇護申請者の存在が受け入れ国に与える影響は多様であることがわかる。庇護申請者の人数、国の政策内容が、庇護による影響を左右している。

庇護申請者のもつ社会経済的、人口学的な特性は、受け入れ国にさらに大きな影響を与えている。かくして、庇護による影響のあり方は国ごとにかなり異なってくる。同じ国の国内でさえ、異なっている。

影響の仕方は年齢、婚姻の有無、家族構成でも異なる。親が伴わない子どもには、公的援助が必要となり、仕事をもつ労働年齢の庇護申請者に比べ、ケアに要する費用が多くかかる。影響の度合いは、庇護を求める人々の教育程度や、もつ技術の程度でも異なってくる。教育と技術は雇用の形態や収入に影響してくる。

また、政府による庇護政策の内容は、庇護申請者の生活に大きな影響を与える。庇護申請者という法的地位は、難民と認定された人の地位よりも不安定で危険であり、人道援助は一般に乏しい。受け入れ国が庇護申請者に同情的でなければ、政策により労働権が否定される。

一方、庇護で最もよく思い描かれる受け入れ国への影響といえば、難民申請を受けて庇護の是非を審査する制度（難民認定制度）を維持しつつ、庇護申請者を勾留したり、もしくは世話するために納税者にかかる費用である。

司法制度を通じて何段階か訴えが可能な複雑な手続きをもっていれば、庇護制度を運用するための経費は高くなる。決定が出るまで長期間、庇護申請者を勾留すれば、それだけお金はかかる。勾留から釈放されても、「庇護を拒否された人々」を追放するのは困難で、社会には別の影響が出る。

逆に、政府が庇護申請者に労働許可を与えれば、政府の金銭負担は軽くなり、彼らが働くことで税収も増える。ただ、政府が住居の賃貸料を支給したり、決定が出るまでの間、庇護申請者を援助すれば、費用は勾留と同じくらい高くなる。金額は、審査や生活維持という二つの面での政策方針次第で大きく変わってくる。イギリスでは援助を現金支給から引き換え券に代えて、金額を削減した。

受け入れ国政府はこれらの費用に不満を言うが、一般にどのくらいの金額がかかるのか、現実の数字は確定できていない。最も包括的な調査としては、一九九五年に国際移住政策開発センター（the International Centre for Migration Policy Development, ICMPD）が欧州七ヵ国（オーストリア、デンマーク、フィンランド、ドイツ、ノルウェー、スウェーデン、スイス）で実施したものがある［Martin, Schoenholtz and Fisher 2005］。

調査によれば、審査とその間の生活維持費用をふくめ、年間の費用はこれらの国（ドイツはふくめず）の総計で推計約二七億ドル、生活維持経費が全体の九三％を占めた。これらの費用は、審査決定が出るまでの間、庇護申請者を収容する受け入れセンターでの経費をふくみ、認定された人に対しては、その個人の住居への移動経費までをふくめている。

一般には、社会福祉援助と医療の費用を要し、それが生活維持費用の多くを占めることが多い。同調査によると、審査にかかる費用は、控訴までの費用、法的代理人、送還費用などで一億六七〇〇万ドルとなり、全体の六％に当たる。審査経費の割合は国ごとに違い、一三％（ノルウェー）から三％以下（デンマーク、フィンランド）まで幅があった。

生活維持のための費用は、国ごとの庇護申請者の人数や性質によって大きく異なる。平均的な費用にもまた差があって、援助の形態や期間でも異なる。期間は、審査に要する平均的な日数や、認定された人が受け入れセンターに滞在し続ける割合、あるいは彼らが援助を受けたり労働許可を得て働くかにより、大きく変わってくる。

入国管理当局は代表的な行為者と見られるが、同じ政府内でも、内務、外務、開発、貿易、労働、保健の省庁が関係し、それぞれ特定の事情があるほか、施策を実施するまでのタイムスパンが異なり、必ずしも同じ利害や管理の意思に則って動いてはいない。

アメリカでは庇護費用を算出した欧州のような調査は行われておらず、また政策内容も欧州のものとはかなり異なっている。アメリカの庇護申請者は、緊急の医療のほかは連邦政府からの公的援助を得る資格をもたない。また、政府の決定が出るのに六ヵ月はかからないので（事例としてもそれを超えるケースはあまりない）、労働許可は与えられていない。

その結果、欧州で与えられるような生活維持の援助に要する費用は小さくなり、税負担は少なくなる。たしかに庇護申請者は不法に働き、欧州とはまた違った影響を社会に与え、入国管理当局の信用度を損なってはいる。しかしその数はアメリカの不法労働者全体のうち小さな割合しか占めていない。

ただし、アメリカでは、とくに申請書類を所持しない場合や書類が不正に作成されたときには、他の先進国よりも積極的に庇護申請者を勾留しており、その数は膨大である。この抑止措置のために、勾留費用は大きく膨らんでいる。なお、釈放された人々への生活維持経費は、家族、コミュニティ団体や地方当局の管轄に移されることになる。

必要な相互理解の方策

一般的には、庇護申請者の人数規模が小さく、入国の様態が整然としており、国民の財政負担が少なければ、受け入れは円滑に進む。庇護申請者が何か役に立つ社会資本をもつ場合には、とくに歓迎される。ノルウェーでは、スリランカ・タミル人の庇護申請者が勤勉に働き、社会への貢献で感謝されている［Collyer 2005］。

一方、庇護申請者が遠く見知らぬ土地から来れば、受け入れ国民は、テロ、急進的イスラム主義、政治暴力を連想する。反難民感情は、比較的規模が小さいものの騒々しい市民集団から発せられることになる。それによって国民の反応は、さらに否定的になるかもしれない。地域社会の人々は、地元の政治や文化を外国人から守ろうとするかもしれない。

近年は後者のような反応が増加していることもあって、「北」の国々が金銭補償すれば北に代わって「南」が保護を与えるという提案が、二〇〇四年ガーナのジュネーヴ駐在副代表の口から語られた［Betts 2009］。彼が語ったのは、「オランダでは一人当たり、年間約一万ユーロが庇護審査関連で使われているが、これらの人々をアフリカの難民受け入れ国に移せば、もっと多くのことができる。ガーナなら一人当たり一ヵ月、二九ドルしかかからない」という話であった。

このような話は、同じ論理に基づいて、オランダ政府も主張している。曰く、「UNHCRが二〇〇二年、世界の二〇〇〇万人の難民保護のために自由に使える資金は、全部で約一〇億ドルであった。同年、オランダは国内の難民認定手続き、必要な人員配置、国内の難民・庇護申請者約八万人の受け入れ施設の維持に一四億ドルを使っている。他の受け入れ国でも、同じような金額を消費している。多くの人は、難民とは認定されない経済移民である。結果として、世界中で使われるかなりの金額が、真の難民には届かない」（二〇〇三年六月、第一回コンベンション・プラス・フォーラムでのオランダ代表の発言［*ibid.*］）。

問題は、受け入れ国に新しく入ってくる人々が、地域で価値ある人々と認識されるかどうか（あるいは彼らに無頓着かどうか）であり、地元民が地域に帰属しない人々の権利や義務に対して、共同的な考えをもつかどうかである。

政府の指導者は基本的には、世論の意向に応えねばならないという立場をとる。政治指導者はさらに、自分に反対する政党の政治家が選挙民の支持を得るために、反移民感情を利用することを怖れている。このことは、政治家が国民の感情に細心の注意をはらう理由となり、慎重に扱わないと極右政党が成長し、民主主義を脅かすことになる。この危険性は、とくに権威主義の伝統のある国や、民主主義の基礎が脆弱な国で高い。

問題に対処するうえで、民主的な政府は自国民の意見を十分考慮に入れねばならない。では一体どの程度、政府は世論に配慮し、どの程度は国際難民法に則るべきであろうか。

受け入れ国の国民がもつ、外国人嫌いと差別に関してはもちろん、受け入れ国の政策内容と実施措置のあり方が大きな影響を与える。そのことが庇護申請者・難民の経済、社会面での機会利用に重大な影響を与え、場合によっては彼らの脆弱性を強めることもある[Buscher 2011]。

両者の間に緊張が発生する原因となるのは、一般に庇護に関する措置や事柄に関係することではない。庇護申請者と難民が、受け入れ国の習慣・伝統とはなはだ異なる国から来た場合である。受け入れ国である西欧先進国の住民からすれば、彼らは自分たちとは異なり、大家族で狭い家に住んでいる。彼らには家庭内暴力があり、未成年で結婚している。女性器の切除は受け入れ国では法の侵害となる、といった偏見や見立てをもちがちである。

それを受けて、ロンドン警視庁は、庇護申請者・難民のうちの一部を同じ民族との橋渡し役をする特別警察官に採用し、犯罪防止その他に役立てている。そうした政府の努力に加え、NGOや宗教団体は、受け入れ国であるイギリスの法律や価値を庇護申請者に教育し、他方で彼らの状況・背景について国民に情報を与えている。

政策における道徳の位置は

「難民に庇護を与える」という行為は、かつては人道主義に単純に根ざしていたが、現代では不確かさと危険を多く孕《はら》む複雑な行為になってきている。道徳的に明らかに正当とされる政策も、時には費用が高くつき、受け入れ国民の目には軽率な行為に映ることもある。

民族自決を要求する、迫害された民族少数者への支援は、原因国での内戦を招いたり、それを継続させ、大規模な暴力を引き起こすかもしれない。迫害を止めたり、暴力紛争を停止させるために他国への軍事介入を行い自国の兵士が殺害されれば、早期の撤退を強いられ、助けようとした相手により大きな害をもたらすかもしれない。

そのようにして昨今では、行為の道徳性は意図ではなく、結果の可能性で判断されるべきだと主張されるようになっている。政策の意図自体は善であっても、実施によって悪い結果をもたらすことがあるため、良かれという意図は、政策を選択する際の十分な条件ではなくなっている。典型的には、政策の決定は費用と利益を考量し、効果を評価し、政治的結果を考えねばならなくなっている。

ただし、提案される政策が道徳的に不正であるなら、たとえどんなに世論の感情が強くとも、その政策はとられるべきではない。市民の希望に応じることと、庇護申請者・難民の権利を守ることの間の複雑なつり合いをとらねばならない。庇護権はかくして、自由で民主的な国家が、抑圧社会から逃亡したすべての個人の人権を保障する仕組みにまで高められる必要がある。

しかし、もし自由で民主的な国家の側である受け入れ国が、人権が侵害されているすべての人に保護を与える能力を欠いていたなら、保護は控えめにならざるを得ない［Weiner 1996］。難民政策をめぐる論議には、他国から来た人々の人権の問題と、入国許可は主権の問題だと考える受け入れ国との間の、根本的な「道徳上の矛盾」がある。

個人と政府の道徳は異なる。私的な個人の道徳性と、公共政策への道徳原則の適用は、区別する必要がある［*ibid.*］。個人の道徳観は、一つの政策が他の政策に与える経済的影響を考慮に入れないので、公共性という基礎が薄い場合もある。究極の目的である道徳、それは絶対的な理想の実現を求めるものだ。政策担当者は現実にてらし、理想よりは少し劣る選択を余儀なくされるかもしれない。しかしそうではあっても、政策の決定に際しては、政策それ自体が道徳的かどうかを考えると同時に、道徳的に好ましい目的が個人的にも達成される見込みがあるかどうかを、つねに考慮に入れねばならない［*ibid.*］。

定住費用はいくらかかるのか

庇護申請者の受け入れに関する先進国の負担は通常、持続する経済危機と高い失業率の点から注視され、関心が持たれている。現代では上述のように、庇護申請者数の増大と外国人嫌いの感情の高まりとが結びつき、国内的な圧力がかかっているために、各国当局者は人道的意味を忘れようという意図まではないとしても、保護の必要な人に受け入れ以外の他の方法がとれないのか、あるいは受け入れるにしても費用対効果のもっと高いやり方がないのかについて腐心し、模索を続けている。

定住のための費用を「どう算定するか」は、非常に複雑な問題である。行政官吏やＮＧＯ関係者のような実務にかかわる人々は、定住計画が一体いくらかかるのか、他の恒久的

表２　定住費用の経済データ

① 選別と事前審査の経費	UNHCR や IOM に支払う費用。難民のインタビューから受け入れ可否決定までのプロセスにおける、公務員への給与の国ごとに異なる支払い。
② 安全チェックと輸送経費	健康診断費、治安・安全・警備費、輸送費（運賃のローンをふくむ）。
③ 統合と適応の経費	住居、医療、教育、その他の社会福祉援助の経費。各国の福祉状況によって異なるうえに、自治体の予算となっており、格差がある。
④ 年ごとのバラつきの修正	平均値をとるため、数年間計算する必要がある。
⑤ 時の経過と公共資金効果	定住１年目の評価が、出発点となる。難民を長期に観察し、初期の公共支出が、彼らの支払う所得税、消費税、資産税等の歳入でどう補填されたかを見る。

出所：Joanne van Selm, Tamara Woroby, Erin Patrick & Monica Matts 2003: 102-103 から筆者作成。

解決策と比べてどのくらい高くつくのかに関心を示す。

しかし、国ごとに経費を比較して、今ある定住計画の難民一人当たりの費用を計算することは、きわめて難しい。難民一人当たりの定住費用の算定のために必要とされる暫定的な経済データは表２の項目で示してある。

国の定住計画が要する費用を知ることは疑いもなく興味深いことである。どの国の政府も、経済効率を最優先の目標にして計画を立てているようには見えない。定住は、実施にいたるまでに、多くの政治的な動機づけを必要とする。実際の受け入れ費用とともに、人道的活動の実施のために国内的な政治支援を獲得するための費用（必ずしも全部必要というわけではないが）が、その計画には大いにふくまれている。

計画段階で得られる数値は一部であって、後は推定するほかはなく、不完全でしかない。これは、一つには定住受け入れ国が実施上、そうした計画の経済効率よりも人道的側面に焦点をあわせているためである。また政府、民間を問わず、必要な費用データが計算できない種々の段階があり、様々な種類の活動があって、すべての費用を算出できないことがある。具体的には、データの取得に深刻な制限があり、定住費用の算出の推定を妨げている（困難な要因については、表3を参照）。

とりわけ、政治的費用は容易には計れないという問題がある。定住という事柄が政治化されるほど、政治的費用の割合は大きくなる。言い換えれば定住の認可は元々、人道的、政治的要因で動機づけられており、経済的な動機が第一義ではないことを示している。ただし、このことはもちろん、経済要因をふくむべきではないということを意味してはいない。

繰り返せば、定住計画は高価に見えるが、しかしこれらの計画は「非経済的要因」（人道的、政治的要因）によって行われているので、経済的に特定の最低ラインをめざすことで定住の可否を検討するのは適切なことではないことがわかる。

そのため、難民定住の費用を十分に推定することは困難だが、定住受け入れ国の行政官吏は自分たちの計画の各構成部分の計算をいくらか行っている［van Selm, Woroby, Patrick and Matts 2003］。たとえば、オーストラリア、カナダ、デンマーク、フィンランド、アメリカな

表３　定住費用の算定における阻害要因

① 参加する人数が多い	中央と地方の政府に加え、さらに様々な段階で民間団体が関与し、また一般の個人が参加する巨大事業である点が挙げられる。
② データの入手不能と項目不足	政府費用の推定が得られても、多くの福祉援助を行う地方自治体が必要な情報をもたない。たとえばフィンランドでは自治体は所得や社会福祉のデータ（年齢、性別その他）をもつが、民族、国籍についてのデータはない。難民でも、定住難民と庇護申請者の区別がない。
③ 費用に換算されない経費	民間人やNGOの人々の労働費用。ボランティア団体の援助には、物品の購入費用や、費やす労働時間があるが、換算が困難である。
④ 算定費用の固定化という事情	難民個人への費用は年ごとに大きく変動するが、行政の作業は一定程度固定化し、難民の数による影響を経費に反映させていない。受け入れ人数は、任意であり、毎年変化する。
⑤ 高度に政治化された制度	定住計画で入国を許可される難民数は、中央政府が決定するが、難民は特定の自治体に定住する。定住が成功するためには、受け入れ地域の住民と行政官吏が、計画に前向きに参加する必要があるが、どの程度の予算配分が彼らの引き受けの誘因となるかは明確ではない。それはたとえば、地域在住の難民数、地方政治の動向、到着難民の性格など、政治的で主観的な要因に影響される。

出所：Joanne van Selm, TamaraWoroby, Erin Patrick & Monica Matts 2003: 103-105から筆者作成。

どが、その実践国である。

ただし、経費の推定は不完全で、国別の比較はできない。カナダは近年、費用算定を試みたが、その結論は「計画の実施にかかる費用は莫大」ということであった。

現在まで、詳細な費用計算をしている国はない。難民の定住にかかる費用について、数量的な特定の推定値を求めることは非常に難しく、無理やり行えば、潜在的に誤った方向にいたる可能性がある。

難民その他の外国人が国境に到着するなかで、世界各国の政治家、とくにEU内の政治家は、自国民をなだめるために、入国制限策を喫緊の課題としているかもしれないが、しかしそれは難民保護と原因国が存在する地域の安定に破壊的な影響を与える可能性がある。政策担当者は、定住の各段階で、もっと効率的なやり方はないのか、別の選択肢はないのかについて、改めて考えをめぐらせる必要がある。

論点⑮　移民と難民、カテゴリーで分ける危うさ

難民を移民とは分離すべき特別な事例とする見方がある。難民には他の移民とは別個につくられた特別の法的地位があり、また出国の際の非自発的な状況ゆえに、出身国への特別な愛着をもっていると長く信じられてきたからである。

移民の移動と難民流出は何年もの間、別々の事象とみなされ、通常の移民から難民を区別することは、国家にとってそれほど困難な仕事ではないとされてきた。しかし今や、「自発」と「強制」を明確に区別することは、非常に困難になった。

今日では、難民は以前よりも複雑な移住現象の一部であり、政治的、民族的、経済的、環境的、そして人権上の要因が結びつき、人々の移動につながっている。冷戦後の世界で、

国境を越える人間の大移動が、最も扱いにくい問題の一つとみなされるようになってきている。

難民移動の問題は、難民キャンプを連想させる紋切り型のイメージから離れ、より広く、より複雑になった。たとえば、近年の政治危機や軍事衝突では、中東・湾岸諸国へ出稼ぎに来ている労働者が、労働の現場から避難を強いられたり、あるいは追い出されたりしている。彼らは、自国に自由に帰ることができる限りでは難民条約の難民の定義には該当しないが、戻っても自国は、彼らに保護も職業機会も与えない。

そうしたなかで、世界各地で「庇護申請者」と「不法滞在者」の区別が曖昧になってきている。「自由移動」と「強制移動」、「臨時雇いの外国人労働者」と「永住移民」、政治的な亡命理由をもつ「難民」と唯一の動機が「経済的利益の追求」である人の間の伝統的な境界が、曖昧になってきている（図2参照）。

そのようにして実際には、難民をふくむ強制移動民の範疇は、互いに排他的ではなく、人は一つ以上の範疇に、同時に、あるいは連続して属するようになっている。たとえば、自国に帰還した難民は、紛争が継続していたり他の理由で元の居住地に戻れなければ、国内避難民になる。居住地の地雷が除去されず、生活環境が悪ければ、元通りの生活はできず、環境移民になるかもしれない。

人々の地位は時間とともに変化するし、受け入れ国の政策に応じても変化する。ボスニ

図２　国際移動する人々の概念図

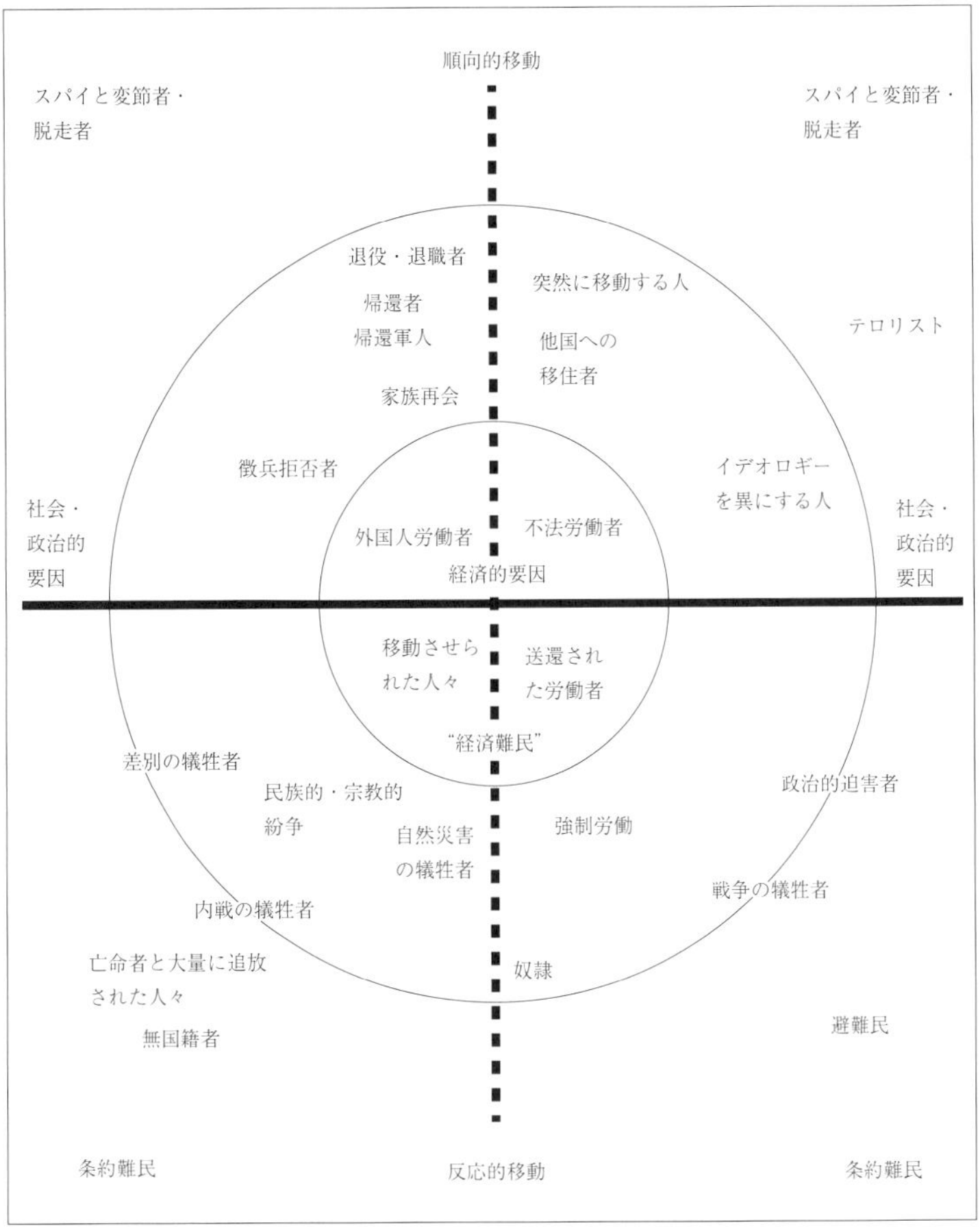

出所：Anthony H. Richmond 1988: 21 を修正して、使用。

ア・ヘルツェゴビナから出国した人々は、欧州各国で一時保護を与えられ、後に永住権を与えられた。他方、一部の人々は帰国し、また別の人々は受け入れ国で非公認の移民と改めて位置づけられた〔Martin 2001〕。

多くの人々にとって、経済的な困窮の度合いは、政治的な迫害の度合いとほぼ同等であり、彼らは生命さえ脅かされる危険な状況から逃亡してくる。しかし、難民条約の迫害基準にはあわないとされるのがつねである。彼らを難民として認定することは困難で、論議が続けられている。迫害の恐怖と暴力の脅威が、先進国での就労の機会やサービス、物資を獲得することへの期待と同居するようになって、難民と他の国際移民の区別を明確にすることが現実にはますます難しくなってきている。

冷戦終結後、UNHCRはしばらく難民条約の難民の定義を使っていたが、やがて定義の解釈で現実を切り抜けようとするやり方を捨てて、同機関に委任された活動はつねに条約自体の範囲よりも広く、条約上の定義は今日の多くの新しい難民流出の形を捉えるには曖昧すぎるとした〔Barnett 2002〕。

現在、UNHCRは難民の用語の適用範囲を広げようとしているが、各国は国内で制限措置を課して、定義を再び狭めている。UNHCRにとって、難民とは、難民条約の定義には厳密にふくまれない人々をふくんでいる。しかし各国は、一貫して「広義の基準」の適用を認めていない。どの国も、難民条約の定義の論議を再開することさえ望んでいない。

現在、ＵＮＨＣＲに保護され援助される人々の半分以上が「難民」という用語の法的な意味には当てはまらない［Martin 2001］、とされている。援助や保護が必要なこうした人々の特定の状況を定義するのに、様々な用語が使われている。すなわち、戦争被災民、拷問の犠牲者、一時的な保護者、無国籍者、環境移民などである。

そのなかで庇護申請者は、たとえ難民の地位の認可が当局に拒否されても、人道的その他の理由で、庇護国（受け入れ国）に留まる許可が得られる可能性がある。西欧のすべての庇護申請者のうち、平均して八五％が申請を却下されているが、しかし大半が、不法移民として何とか国内に留まっている［Westin 1999］。

そうした強制移動のきわめて動的な現実と範疇上の重複にもかかわらず、各国の施策においては、強制移動民のうちの庇護すべき対象を難民条約上の難民という特別の枠内に押し込める傾向が続いている。問題対処のうえで、基準、委任事項、援助計画がそのまま、従来からの分類にしたがっているためである。

そのため、このやり方が実行されると強制移動民のなかに、これまで難民ではなかったからと無視され、国際難民制度では救済されなかった人々が顕在化することになる。難民への援助政策や保護政策は、こうした問題に一貫した方法で対処することができていない。

どう枠組みを与え直すか

世界が現在経験しているような大きな社会変化の時期には、大規模の強制移動が頻発する。庇護申請者、難民は孤立的に存在するのではなく、全体的な「移民ディアスポラ」の一部として新たに捉えることができる。

現代の論議が依拠する移民と難民の区別は、この点で象徴的である。両者の区別は明らかに人為的で、厳密な分析には到底耐えられない。難民もまた、移民である。現実に研究を進めると、難民個々に難民条約上の定義を適用できないことがわかる。したがって、二つの用語は社会科学の探求の結果としてできたというより、政策の必要にあわせてつくられた政治的な言葉であることがわかる。

特定の保護への資格が与えられることで、難民は他と分離した特殊な集団とみなされ、移民の他の範疇の人々と対立する。だが現実には、移民と、難民をふくむ他の強制移動民が、重なり合う場面が増えている。焦点は、迫害のためではなく、貧しさや戦火を避けるために居住地から逃れ、移住してきた人々にどのような枠組みを与えるかにある。難民の「定義」については、国際的に定められたものよりも、広い解釈がとられる傾向がある。しかし研究においても、難民の用語に何をふくめるべきか、明確な合意はとれていない。

また、難民キャンプに入らず、自力で受け入れ国の地域社会に居住している人にとって、難民の定義は価値あるものなのか、また彼らの状況を分析する研究にとっても有用かどうかという問題が存在している。

論点⑯　「迫害された難民」とは呼べない避難民の人々

強制移動という現象は、激しさと厳しさ、複雑さを増している。「新しい戦争」が広範に広がるにつれ、逃避行は一層危険になり、情報仲介業者として人身売買業者や密入国斡旋業者の役割が増大し、この業界を繁栄させている。紛争地や災害地など危険な場所から脱出し、安全な土地に到達した後でさえ、難民は極度に不安定な状況に直面し、生存の見通しはさらに損なわれる。これらの現実を理解することが、緊急に必要になっている。

個人に的をしぼった「迫害」という現象は今現在も真に脅威のままだが、数としては多くない。難民と呼ばれる人々の圧倒的多数は、弱体国家の不安定性や危険から逃れている。実際の脅威の大半は、国家による個人の迫害より、むしろ暴力地域そのものにある。

危機移動――形態からの分類

紛争や災害で国内、国外へ避難した人々の移動は、「危機移動」（crisis migration）と呼ばれる［小泉 2018-a］。危機移動は、移住、人権、開発、安全保障、人道など、多くの政策分野にまたがっている。この移動について、難民支援の分野以外では事象を包括的に扱う国際的な組織はない。危機移動の大方については、一時的な対応がとられるのみで、対応が一貫していない。

雑多で、相反する人々をふくむ「危機移動」という用語は、「強制移動」（いわゆる難民による移動）と「自発的移動」（いわゆる移民による移動）を理論的に、移動の原因で分ける難しさから生み出された。したがってこの言葉は、広範な事象を描写的に示した用語である。人道危機に関する移動を分類しようとするとき、完全に自発的な移動も、完全に強制されての移動も、現実にはほとんど存在しない。

ここで対象としている移動には、すべていくらかの「強制の度合い」がふくまれ、移動しようとする人には何らかの「選ぶ余地」がある［Martin, Weerasinghe and Taylor 2014］。逃亡・避難の因果関係を知ることは、対応策の枠組みを考えるうえでの主要なポイントであり、移動を分類する手がかりとなるが、しかし旱魃や紛争といった要因にのみ集中しすぎると、現在適用されている難民の分類からは、はみ出る人々が出てくる。

それを踏まえ、枠外の人々の移動は、研究者の間では「survival migration」（生き残り移動）、「trapped」（閉じ込められる状況に置かれた）、「involuntarily immobile populations」（非自発的不可動の人々）、「anticipatory movements」（予想移動）、「mixed migration」（混合移動）、「migration-displacement nexus」（〈移住-避難〉結合関係）といった用語で呼ばれるようになってきた。従来の語彙では、彼らが被る苦しい経験や必要な援助が見えなくなり、無視される怖れがあるためである。

人々の移動については、援助側からそれぞれ異なった対応がとられ、人々の要望と援助内容のギャップを埋めるよう試みられている。たとえば「survival migration」（生き残り移動）は、難民制度、人権の枠組み、人道的対応を考慮して取り扱われている。

移動形態に基づいて難民・強制移動民を分類してみたが、もちろん避難・逃亡の原因が重要ではないということではない。既存の枠組みを分析し、過去の対応を評価し、新しい対策を立てようとするとき、多様な要因が調べられねばならないのは当然のことである。

危機移民

ところで、学問的にはまだ定まっていない名前だが、危機を背景として移動する彼らは、「危機移民」（crisis migrants, 危機移動を行う人）と呼ばれる。繰り返しになるが、本書では便宜的に難民や強制移動民という用語を概括的な意味で使用しているものの、本書が主として対象としているのは、この危機移民であり、用語の意味は同一だと考えていただいてかまわない。危機移民の実情を理解するために、次にいくつかの例をあげる。

事例1　ジンバブエ

二〇〇六年〜二〇一一年、ジンバブエでは動機と状況が複雑な、かなりの人数に上る「事前の予測移動」が発生した。人々は二〇〇八年の選挙前、大規模な暴力事態が発生することを予想して、同国から大挙して逃亡した。彼らは難民条約上の難民には該当せず、枠外となるが、深刻な人権侵害を怖れて逃げ出したことは間違いない。彼らに対しては、国際的な保護の必要があった。

流入を受けた隣国の南アフリカは、ジンバブエ人に庇護を与え、庇護申請を審査する間、労働権を認め、自主的に定住させた。しかし二〇〇九年まで、彼らへの難民認定率は極端に低かった。

審査によって申請却下の決定が出ると、多くの場合、彼らは逮捕、勾留され、国外追放された。その後、事態は、「公共秩序の著しい混乱を経験した人」というアフリカ諸国の一九六九年OAU（アフリカ統一機構）条約における難民の広い定義を適用することになり、二〇〇九年四月以降には定義が幾分変更され改善をみた。ところが、UNHCRは一貫して、大半のジンバブエ人は難民ではないとみなし、UNHCRの委任事項の保護の範囲内で庇護を望む人に、庇護許可を与えるにとどまった。

南アフリカでのジンバブエ人の保護は、各国際機関の異なる委任事項の裂け目におちこむ事態となった［Betts 2014］。ジンバブエ人に保護を与え、ギャップを埋めたのは、地元のNGOや教会組織だった。国際機関や政府による保護がないなか、難民は自助でギャップを埋め合わせることを余儀なくされた。

事例2　マリ、ニジェール、セネガル等

サハラ砂漠の周辺にある乾燥地帯であるサヘル地域は、めったにニュースにはならない。二〇〇〇年代初めまで、地政学上の関心は薄く、人道活動にも関心がはらわれなかった。今日サヘルでは、要因が様々に関連する危機があり、今後、その危機は地域を越えて広がる可能性がある。紛争、強力な反政府勢力、国際的な犯罪網とテロ活動、地域行政に関する長年の構造的問題、気候変動の影響、統治能力の弱さなどによって、人々の地域内外への移動が増している。

危機状況では、多くの移動原因が入り混じり、現象として現れる。多くの原因が交錯し、避難する人は分類上で移民、難民、避難民、不法滞在者、外国人など、同時に二つか、それ以上の名前で呼ばれる。二〇一一年のリビア危機では、たくさんの外国人労働者が避難民となったことも想起したい。

逃げる個々人は、それぞれに異なる動機をもっているが、脱出の際には同じルートをたどり、同じ形態をとる。分類すれば、その中身は種類上、明らかに異なるが、逃避行の過程では人々は類似した対処法をとっている。

逃げた人々が落ち着く先、たとえばどこかの都市では、彼らは農村から都市への移民、難民、帰還民、旧兵士、ギャングらとスラムでともに暮らし、似たような障害に直面することになる。世間では十把一絡げに難民と呼ばれるが、内実は「難民」でもない「移民」でもない人々が大多数を占めている。

論点⑰ 政策的に定められた定義がかかえる問題

「難民」は、国家や国際機関の政策上つくられた用語と分類に従って定義される傾向がある。難民、国内避難民、逃亡、現地統合、定住、帰還、恒久的解決といった、これらの難民に関連する用語は、大半が実務上の目的を伴ってつくられたものである。

言葉をつくり、分類することは、行政制度が発揮する強力な特性であり、国や国際機関が組織的な事業を行ううえで、重要な手段となっている。しかし、分類をめぐって具合が悪いのは、それが科学的探究よりも見た目の表面的な事象に基づく傾向があり、背後にある実際のニーズに合うようにつくられていないことである。

現代的な特徴として、無責任に「難民」にラベル貼りをする様々な言葉がある。不法移民、不法な庇護申請者、人身売買された人、不法滞在者、難民認定を却下された人などである。これらの言葉には、隠された別の意味と範囲がある。言葉は言外に不正行為を働く「外れ者」というイメージを伝え、恐怖や外国人嫌いを煽《あお》ることで、対象となる人の品位を下げる働きをする。

こうした言葉が過剰に使われ、意味も不明確なために、危険と混乱が生じている。難民保護の国際制度と人道援助もまた、未確認の仮定に依拠している怖れがある［Turton 2003］。

難民の誕生以来、「難民とは誰か」が、この研究テーマの中心であった。難民という言葉は、近代の夜明けである一六世紀末そして一七世紀初めに、フランスでの宗教迫害を逃れた新教徒の「ユグノー」（the Huguenots）に対して使われたのが最初である。難民という近代的な概念は、中世的迷信に反対する新教の考え方と不可分であり、個人の良心を意味していた。

一方、「亡命者」（exile）は、追放者という古くからの言葉に端を発している。彼らは外部者として烙印を押され、異常で非惨な生活を送った。

難民は二〇世紀に入ると国家の創造物となり、「難民」の用語は政治的な用語として、緊急に国際援助を要する、途方に暮れた無辜《むこ》の多数の人々をさすようになった。ただしその用語は、学問的な分析や経験上の観察からつくられたものではなく、代わりに人道政策の文脈から直接とられている。この語の使用には、そもそも人道的な関心が根底に存在していた。この用語はまた、描写的で分析の程度が限られており、必ずしも社会科学上の個人やその集団を明確に表していない、ともいわれてきた。

「難民」（refugee）という用語はそれ自体、弱さをもち、分析の点からも一貫性を備えることがなかった。それゆえ、この用語の「器」の容量に疑念が生じ、学問探究でも、その領域を定めることができなかった。この用語については論議が数多く交わされてきたが、受け入れ可能な合意を見ることがきわめて難しく、政策用語から学術用語への置き換えは、解決が困難な問題となっている。

定義の問題――誰が難民か

右記の話は、定義について概念的な明晰さを欠くという問題があることを示している。定義はまず、それが生み出された歴史的、制度的な背景を表している。一九五〇年のＵＮＨＣＲ規程（ＵＮＨＣＲの執務規則）と一九五一年の難民条約は、難民は第一に抑圧的で、全体主義的な体制、とくに共産主義の犠牲者であるという考えを映し出していた。

欧州外の難民危機には、第二次大戦後しばらく、一時的で、その場限りの現地状況に応じた対応が続けられた。難民条約は慎重に、中国、中東、南アジアのような場所で難民の問題を扱うことを避けた。アメリカやフランスといった条約作成の中心国は自国の責任を最少にするのに熱心で、一九五一年以前の欧州での出来事に限った定義をつくった。

欧州内でさえ、東欧圏などから追放された多数のドイツ人は、新制度の範囲外であった。国際難民制度の文脈のなかでつくられた制度的な分類には、制度自体を支える原則を反映した、いくつかの前提がある。それらは中立的ではなく、特定の見方を反映し、含意している。覇権をもつ国々の利害が人の移動を扱う際の政策枠組みをつくり、それが難民についての定義・分類をつくるうえで最も重要な判断材料となった。

さらに注目すべきは、難民という用語、つまりラベルは、国際人道分野で官僚的なニュアンスをもって定義されていることである。国家と国際機関は人間の移動を扱ううえで、各々が利害と委任事項、戦略を異にし、それらに基づき、それぞれ対象とする公共政策を設定し、ラベルをつくっている。つくられたラベルは、複数の機関の交渉過程で協議された結果である。それゆえ概念は必ずしも描写一辺倒ではないが、その主たる目的は、現実を直視して描くことでも、知識を新たに生み出すことでもない。

この論議に最も活発に貢献したのは、国際法学者であった。彼らのつくった法的な定義は、援助と保護を促し、正当化することになる。「難民性」の法的側面については、相当な数の文献が書かれてきた。過去七〇有余年で発展した法律文献は、難民を表舞台にひっぱり出し、知識の体系をつくるうえで重要な働きをし、実際上も主権国家の秩序をつくってきた。

難民条約の定義は、必要なときには国連総会の決議や補足的な地域条約（アフリカの一九六九年ＯＡＵ条約、ラテンアメリカの一九八四年カルタヘナ宣言）によって実用的に拡大できる、普遍的かつ基本的な性格と便利さをもっている。

難民の用語は一九八〇年代の初めから、研究者の間では官僚的な政策ラベルとして認識されていたが、研究者の多くは、そのラベルを実践的に使う傾向があった。そのなかで最も狭い定義を使うのは国際政治と国際法の専門家で、最も広い定義を好むのは人類学、社会学、開発研究の専門家であった。

前者は一般に難民を、特別の政治的地位をもつ人と考え、後者は難民、移民、その他の種類の移民の間に類似性を見ようとする。ポイントとなるのは、難民についての技術的ないし法的な定義を使うのかどうか。あるいはより広めに定義をとるのかである。

定義に明晰さが必要とされる点は、他の用語の場合にも当てはまる。人間の安全保障、人的資本、エンパワーメント、ジェンダー、参加型などの用語は、広く使われている。しかしこれらの言葉は、多くが唱道団体や政策関係者の間での分析的な意味をもったものではない。区別はそれゆえ、社会科学の探求よりも、公共政策の必要にあわせてつくられた政策で合意を得たり、資金を獲得する意図でおおよそ使われており、必ずしも中身は十分に定義されていない。

たとえば「人間の安全保障」の概念については、一般にアフリカでの実情にはあわないという意見もある。「南」出身の研究者は具体的で、時宜を得た地元レベルの関心に対応しており、「北」の先進国で流行するような、多国間の改革、人間の安全保障や「保護する責任」といった問題には、ほとんど焦点をあわせようとしない。

難民は、政策から発した定義によって支えられている。難民、移民、国内避難民のような分類上の定義は、難民援助や人道主義の制度から生まれたものであり、必ずしも、学問分野関連のラベルとしてある。それらは、公共政策の枠組みの形成を通じて政治交渉のなかで生み出された「政策ラベル」であるといってよい［小泉 2018-b］。

現代の論議における、移民と難民の区別は、この点で象徴的である。すでに述べたように、両者の区別は明らかに人為的で、厳密な分析には耐えられない。難民もまた、移民である。現実に研究を進めると、個々人には定義を適用できないことがわかる。

官僚的なラベル貼りは、権利と資格という利益を受ける人々を限定するために、人々を規格化し固定化してしまう。しかし、それがあたかも学問上も十分に定義されており、特定の社会集団を特徴づける学術上の分類であるかのように考えられがちであった。

政策的関心 VS. 科学的関心

その一方、難民というラベルは、それを生み出した制度的な背景については語られない。国際難民制度が「つくり出す」難民というラベルは、実は国家中心の見方、考え方に依拠したものである。

難民の「範囲」をめぐる論議は、国際人道援助の行為者の政策のなかに反映される。UNHCRは、難民と移民の間に明確な線引きをしようとして、難民は移民ではないと主張している。二〇〇七年の同機関誌『*Refugee*』の最終版は、「難民か移民か、なぜそれが問題か」と銘打って、組織としての区別の重要性を強調している。

分類上でみれば、難民は移民ではないというのは正しいかもしれないが、現実として彼らは移民になれないということではないし、それは多くの場合、移住の形態としても分析が可能である。

こうした機能主義的なアプローチは、研究史において指摘されるように、ごく初期から始まり、一九七〇年代、八〇年代にインドシナ難民を受け入れたアメリカ、カナダ等の先進国での定住の際にも見られた。この現実との乖離を反省して、近年のアプローチではジェイコブセン（Karen Jacobsen）らが、定住・統合を地元民と難民の相互関係性のプロセスとして探っている。

用語の厳密性を確保することは重要だが、その反面、移住と避難を区別すると見えなくなる人々もいる。政策用語をそのまま分析に用いると、地元民、都市難民、そして援助機関に頼らず独力で定住する避難民のように、「見えない人々」を分類上でつくり出してしまい、分析上の問題を引き起こす場合もある。

現在の最も大きな論争の一つは、難民危機に対応すべく、私たちは一体どの程度まで、政策的に方向づけられたものとかかわり合いをもつのかという点である。問題を明確に知るには、より理論的なアプローチが重要だが、政策に沿った研究は、目的自体にあらかじめ偏りがあり、科学的に厳密な分析にはならない。

難民援助において政策的関心が支配的になると、現場での経験や研究による発見物と齟齬《そご》をきたすことがしばしばある。科学的関心よりも政治的、政策的関心が勝り、その産物である分類法や用語の使い方に、すべて依存してしまう怖れ［Turton 2003］がある。政策担当者が採用した概念や分類は科学的な分析の助けにはならず、科学的理解の助けにはまったくならない。他方、科学的な研究の成果は、政策を立て実施する際には現場での適切さや効果を減じてしまうこともある［*ibid.*］。

この論争は継続中だが、両者は問題分析への異なる技法であるので、併用して補完しうる、という折衷案も示されている。

論点⑱　難民条約は不要か？

国際難民法は、危機の最中にある。その根本原因は、冷戦の終結で難民がイデオロギー的にも地政学的にも価値を失ったことと、グローバル化がより深層で地球を横断して拡大し浸透を続けていることである。

難民条約と保護の乖離

現代の難民制度は、一九四〇年代末に構想された。第二次大戦が終結し、一九四八年に冷戦が始まると、東欧諸国は鉄のカーテンの向こう側に身を潜めた。アメリカに率いられた欧米の民主主義国にとって、共産主義国のソ連は敵であった。

難民制度の構想にあたっては、抑圧体制の下で迫害された人々は、どこかに移り住む権利をもつべきであり、新しい住居が見つかるまでの間、十分に世話されるべきだ、という考え方が濃厚であった。難民条約はその時代と場所が生んだ一時的なものであり、ヨーロッパの人々に、その時のみ適用されることが意図されていたのは明らかであった。

しかし避難自体は、一九四〇年代末と同様、今現在も相変わらず続いている。ただし、苦難・逃亡の原因および、苦難にあった人々の対処の仕方には、根本的な変化が生じている。一部の人々は依然として国家の迫害から逃れているが、圧倒的多数の人々は国内の無秩序や混乱から逃れ出ようとしている。国家の崩壊を受け、逃げ出す人々もいる。

必要とされる援助は、一時的に食料と居住地を与えられるだけでよい場合もあれば、新しい国での永続的な定住が必要な場合もある。大半の人々は、秩序が回復し帰れるときまで生計を立てられる安全地を望んでいる。

ヨーロッパ中心主義的な思想をもつ難民条約（ジュネーヴ）は、古典的な形で戦後ヨーロッパでの国家による個人への迫害に的をしぼった条約だったことが今では批判的に想起される。しかし条約自体は一九六七年に難民議定書（ニューヨーク）で、対象地域の地理的な拡大という修正を経て、グローバルに適用され続けている。

中東とアフリカ地域は数十年にわたり、国家間および国内での紛争に直面し、強制移動民を生み出し続けてきた。とくにアラブ地域は、深刻な人道問題と遅滞する開発があいまって、人類史上で最大の難民流出と移住を経験している。

中東やアフリカの国々では、難民条約が自地域の難民状況の現実に即していないと感じられているために、難民に避難所は与えているものの、わずかな国しか条約に加入していない。アフリカや南アメリカ地域の国々では、自分たちの状況に合うよう難民の定義が拡大され、再解釈されている。

レバノン、ヨルダン、イラクのような国では、難民の法的地位はほとんど整備されておらず、難民はとりわけ弱い立場に置かれている。トルコやエジプトのような難民条約の加入国でさえ、難民の地位をめぐっては非常に問題が多く、危機に瀕した様々な移民グループを保護するうえで、条約とのかなりの乖離が見られる。これらの乖離に対応するのは実際、困難である。

また各国の裁判所の裁定には、先進国や途上国を問わず、難民をめぐる法的解釈に大きな違いがあり、世界的に難民政策としての一貫性が失われたままである。

「迫害」概念――もう時代遅れなのか?

難民の分類は、難民条約の定義に基づく。定義について最も議論されているのは、難民として判定する基準をめぐってであり、最も物議をかもすのは「迫害」という言葉に関してである。ＵＮＨＣＲの『難民認定ハンドブック』（*UNHCR Handbook on Procedures and Criteria for Determining Refugee Status*）が指摘するように、迫害に関し、各国で普遍的に受け入れられた定義は、実は存在していない。そうした定義をつくり上げる試みはいくつかあったが、ほとんど成功していない。

迫害は通常、生命や自由への脅威によって形づくられる。またその他の加害行動や脅迫も、迫害の主要な部分をなす。条約によれば、迫害の怖れは個別的に判断されねばならない。また迫害の怖れは主観性にかかわるため、認定においては当該の人の意見や感覚への評価が必要となる。

迫害の認定に必要なのは、申請する当人が原因国における加害を怖れることである。個人に関連する人権侵害については、国際条約において認定がすでに適用されている。人種に基づき、グループ全体が迫害や人権侵害を怖れる場合でも同様である。たとえば、南アフリカのアパルトヘイト政策では、白人少数者に属さない全員に特異な扱いが向けられたが、制度撤廃後にはその迫害が明確に認められた。

難民条約では、人権侵害のうち迫害に関しては最終的に、五つの原因の一つに拠らねばならないと規定されている。人種、宗教、国籍、特定の社会団体の構成員か政治意見のうちの、いずれか一つの原因である。

迫害を核とする難民の定義は、変容しながら世界各地に拡大していった。一九五〇年代の初めから、「誰が難民か」を正確に定義することの問題が、かなりの論議を生んだ。

一九五〇年代末頃にはすでに、国連総会はUNHCRの委任事項外で難民援助を認める決議を採択せねばならなかったほどである。そうして欧州外で、UNHCRは当時、国連総会の特別決議に基づき活動を行った。他方、欧州では一九六一年以降、地域内で適用される難民の定義は、UNHCRの規程と難民条約の基準を双方満たした人に限られた。

この定義は、第二次大戦直後の欧州という特定の時代背景の下でつくられたものであり、途上国の現実には合わず、いまや使えないと多くの支援関係者や研究者によって主張されている。この定義は確かに時代遅れで、適用範囲が狭く、今日の現実にはそぐわないかもしれない。

だがその後、難民の用語は、保護と援助が必要な多様な状況の人をカバーするべく、条約を越えて事実上、その意味が拡大されていった。拡大を決定づけた著名なものは、アフリカ諸国を対象とする一九六九年OAU条約と、ラテンアメリカ諸国が対象の一九八四年カルタヘナ宣言である。ここでは難民は、生命、安全や自由が、一般的な暴力、外的侵略、内戦、大規模の人権侵害や公共秩序を深刻に乱すその他の状況により脅威にさらされ、国を逃げ出した人すべてをふくんでいた。

難民のこの新しい集団には、様々な名称が与えられた。時には「good offices refugees」（好意の計らいによる難民）、他では「displaced persons」（避難民）、時には「externally displaced persons」

（国外避難民）、後者の「externally」（国外）は自国内で避難する「internally displaced persons」（国内避難民）から分離するために追加された。難民はまた新たに、暴力の犠牲者と名づけられた。いくつかの国では「de facto refugees」（事実上の難民）の用語が使われた。

これらの地域条約は、難民条約よりも途上国・地域における現実の逃亡原因をより多くふくみ、実態に即していた。難民条約で難民の地位の申請に際し要求される個々人の迫害については、多くの庇護申請者には書類で証拠を示すことが不可能だったが、これらの地域条約は一般的暴力や厳しい人権侵害から逃げる個々人の現実に対応していた。

そうした伸展もあって、難民条約の「難民」の定義は今日、批判を受けがちである。庇護申請者は種々の人権侵害を受けやすく、あるいはその怖れがあるが、それだけでは迫害の定義に達しないこともある。複数の暴力が一緒に行使された累積的な証拠によって、「迫害の根拠が十分あること」を主張できるなら、庇護申請者は自身への迫害を主張できるかもしれない。だがそうした根拠の示し方が許されないのは、欧州の外に対象を拡げたくないせいだ、と援助関係者たちによって論じられた。

そうした批判に応えるべくとられる最も論理的なアプローチは、難民の定義内容を現代的で適用可能なものに修正することであるように思われた。しかし残念ながら、その解決策は非現実的と考えられている。現在、世界にはあまりに広く外国人嫌いの感情が存在し、複雑な政治情勢と長年懸案とされてきた外国人の入国問題に対しても、国家側は明らかに消極的である。

難民条約を基礎に、それを超える保護を考える

驚くことではないが、今ある難民法を最新のものに更新しようとする試みは、一般に黙殺される。研究者によって危惧されているのは、問題に触れようとする試みでさえ、逆に一層制限的な政策を引き起こしてしまうことである。この怖れの背景には、一九七七年の領域的庇護についての会議（the Conference on Territorial Asylum）での合意の失敗がある［小泉 2018］。

この件について、関連する独立委員会は、難民の定義は分析面でまだ整っておらず、庇護政策の実施においては柔軟性と実用主義こそが被災民の苦痛を和らげるのに有効であったとし、難民として資格を与えられた人々をより正確に定義すれば、その利益がかえって失われるかもしれないと指摘した。同委員会は、どんな変更も不可能であり、望ましくもないと結論づけた。

合意が失敗して以降、普遍的な国際難民条約は一切、採択されていない。政治的支持を欠くことから、国家による法的義務の拡大を過度に強調することは「人権主義」とみなされて、政策担当者から疎まれるか、国際難民法の拘束力をかえって弱めることへの怖れへとつながっている。そのため、既存の枠組み内での法的解釈を発展させるやり方が、これ

までは とられてきている。

かつて答えるべき問題は、現在の定義が十分な根拠をもつかどうかであった。今日では難民の多くが難民条約上の難民の地位を満たさないことが、条約上の欠点としてたびたび指摘されている。しかし、かといって、私たちが今や完全に新しい状況に直面していると結論づけるのは誤りである。難民の概念がかつて想定していた個人を標的とした迫害は、一九五一年当時と同じように今日も存在している。

もしも、難民条約一つで難民を定義しようとすれば、一九二〇年代、三〇年代のすべての難民は、難民の地位の基準を満たしていないことになる。その一方で、国際難民制度の成長はめざましいものがあり、過去七〇有余年にわたるグローバル化のなかで、難民は国際的保護を受けるべきだとする人権尊重の考え方は著しく発展した。難民条約を前提としつつ、それを超えた保護の必要性が、多くの人々によって唱えられている。

第3章 難民はいかに支援されてきたか

論点⑲ 人道主義は、現代資本主義の補完物？

難民と人道主義の歴史は、グローバルな背景のなかでのみ理解しうる。人道主義は一八世紀後半に始まるが、第一次大戦までは難民と人道主義の関係は希薄であった。だが第一次大戦を契機として難民の処遇に対する危機意識が高まり、その後、現代まで両者の関係は深まっていく［Barnett 2011］。そして、その歴史のなかには、人間の暴力による「破壊」が生じ、そして何らかの「救済」が起こり、「復活再生」がなされるというサイクルが見られる。

人道主義の誕生・発展と難民

現代の人道主義の原型は、一九世紀にできあがっている。背景には、西欧での急速な工業化、都市化、市場経済の拡大によって引き起こされた社会の分裂と、社会の衰弱が意識されたことによる倫理的な病の出現があった。

産業社会の発展によって生じた大きな社会的混乱と自由放任の資本主義がもたらす予期せぬ変化から、多くの国で自国の社会を守ることが必要になっていた。産業化による生産と救済の必要が一緒に起こった結果として、人道主義が始まった。人道主義と同種の語といえる、「人道主義者」（humanitarian）についての最も古い記述が、一八一九年のオックスフォード英語辞典にある。この言葉の使用は同時期以降、急速に進んだ［*ibid.*］。

人道主義という言葉自体は啓蒙運動に根をもつが、感情の解放を主張する当時の芸術・思想上のロマン主義の影響があったともいわれる。また、当初はキリストの人間性を強調する人々を呼称するのに使われ、人間性の宗教的な概念を指していた。その意味は一般に人々の苦難を軽減し、人類のために尽くすことであった。これは、西欧の各国でかなり急速に支配的な用語となった。

人道主義は主に各国内で適用されたが、国民の状況だけを改善しようとするナショナリズムとは違う。一九世紀においては、この言葉は人種、国籍の違いを越えて、人間性の剝奪《はくだつ》に対処することを意味した。人間らしさを進めようとする彼らの計画は、文明化、近代化、そして究極的には「進化」をめぐる考え方と緊密に関係していた。

各国における産業化による生産力には、資本主義やグローバル経済、社会における国家の役割についてのイデオロギー、資金支出の環境が関係している。資本主義と人道主義の関係をめぐる論議は一九世紀初めに現れ、マルクス（Karl Marx）は構造としての資本主義を扱い、人道主義を資本家の再生産と拡大のための上部構造として扱った［*ibid.*］。

奴隷制度はもはや経済的に実行不可能となり、農業経済の変化と工業化により、労働関係の新しい形態が望まれた。宗教や世俗の指導者が道徳秩序を回復させるための、新しい種類の公的改革による解決策を示す必要があった。

そこで知識人、政治家、法律家、聖職者は自分たちの社会的、政治的改革を描いて国内の苦難を軽減し、社会の道徳基盤を回復しようとした。公的介入を進めるため、人道主義の言葉が採用された。彼らの考えは、貧者を対象にした慈善活動や児童労働、大衆の義務教育制度制定の運動へとつながっていた。

だが、マルクス主義者はそうした動きを単に、ブルジョア改革と評した。人道主義や慈善活動は、資本主義がつくり出した悪行にとってはその場しのぎであり、それらは本来的に、搾取制度を持続させる、というのが彼らの見立てであった。そして短期的には苦難を和らげるが、長期的には意味ある社会変化を妨げるとした［*ibid.*］。

それはともかく、近代の初期において、難民はまったく関心の対象にならなかった。二〇世紀以前、国々は国境で厳格な管理を行わず、逃亡者の大半には行くところがあった。聖域（安全地帯）のいくつかがどこかに見つけられた。それが変化するのは二〇世紀の二つの大戦の結果であった。

第一次大戦の前後、かつての大帝国の崩壊により新しい国々が独立すると、おびただしい数の難民が生まれた。そして第二次世界大戦はもう一つの大きな難民の波を生み出した。ホロコーストである。それは被害者の人数だけでなく実施の仕方においてもまったく新しい次元の人類への災禍となった。

難民は第二次大戦以来、国連の救済事業の重要な部分を占めることになった。しかし難民は伝統的に受け入れ国における人道問題の範囲に留まり、彼らの逃亡過程における人権の問題は、一般に無視された。

彼らの問題が西欧諸国の注意を引くときは、たとえば共産国キューバからの難民の場合のように、資本主義国側にとって都合の良い場合のみであり、一方で独裁国からハイチ難民が流出した場合には、当該国が非共産主義陣営側であったがゆえに冷遇された。

アメリカで与えられた両難民に対する待遇の違いが典型的だが、彼ら難民の受け入れについては政治的に、利益の有無が計算された。迫害者のイデオロギー的立場が、受け入れられる難民の待遇面の違いを生み出した。

冷戦の終結以来、難民と人道主義は、紛争の形の変化と冷戦後の国際関係の発展を受けて、両者は急速かつ、きわめて密接に関係することとなり、一方について他方なしでの状況を想像するのは、ほとんど不可能になった。世界は難民と人道主義について、より広い視点で考えるようになった。両者を急速に接近させ、相互の関係を拡大させたのは、なんといっても世界における「避難の現実」に適応する必要があったためである。

グローバル化と「新しい人道主義」

今日の紛争をめぐる国際的反応の著しい特徴は、人道援助が政治的・軍事的介入の代用になってきたことである。一九九〇年代、「北」の国々はＵＮＨＣＲや人道援助を、長期化する地域紛争解決に対する自分たちの政治的怠慢の弁解に使った。政府は時に、放任戦略をとる。無視していれば、問題はやがてなくなるかもしれない。そうしたなかで、紛争当事国では避難民の大量の追放と送還が行われてきた。

それに対して国際社会は、難民流出と地域の不安定化を防ぐ手段として人々の保護を考え、そのために武力紛争に予防的措置を講じ、難民の移動に人権優先で取り組むといった従来の方針を改め、内戦下での救援物資の配布に集中するようになっている。

アフリカ大湖地域、スーダン、アフガニスタン、チェチェンに見られるような内戦や暴力の発生を政治課題だと認め、何をすべきかの判断をする代わりに、これらの事態を「人道危機」とだけみなしてしまっている。各国政府はＵＮＨＣＲやＮＧＯへの支援で満足し、政治的な解決を求めて内戦に活発に関与しようとはしない。

人道援助の供与は、財政的にも政治的にも比較的危険度の低い選択肢である。人類の苦難を軽減したとしてマス・メディアの要請を満たし、慈善活動に対する一般的な意見を満足させることができる。

それはまた、より決定的で負担の多い、政治的、軍事的介入という手段を避ける言い訳として、繰り返し先進国政府によって使われてきた。だがこれは、国際政治に影響力をもつ国々による責任の放棄でもある。難民危機に対応する国際機関・NGOによる人道活動の実施は、多くの国々での伝統的な保護と庇護の仕組みの弱体化と連動している。

最近では「安全保障」という言葉が人道主義の世界へ侵入し、それに取って代わり始めたといわれる。「人道主義」の言葉は、その性格上、元々意味が多岐にわたるが、広範な行為がますます「人道的」と表現されるようになっている。だが、この語には「人権」とか「難民」のような国際法上の定義はなく、確固とした概念上の境界がない。拡張された意味は曖昧で、ごまかして使うこともできる。

チムニ（B. S. Chimni）によれば、人道主義はこれまでつねに国際政治に存在していたが、冷戦が終結し南北関係が顕在化するグローバル時代の今、それは覇権をもつ国々のイデオロギーとなっている。こうした国々は政治行動の代わりに「人道主義」を利用し、状況と手段の選択を行う。それが「新しい人道主義」の特徴である［Chimni 2009］。

人道主義のイデオロギーは、強国の戦略において重要な位置を占めるようになり、難民流出は人道援助活動を通じた国際的介入の潜在的きっかけ（つねに主要な原因というわけではないが）として、重要性を高めている。

こうしたなか、逆説的にも、強国が安全保障の名で政治的・軍事的な力の行使を正当化する際には「難民問題」はあまりにも重要で、ＵＮＨＣＲのような特殊化した機関にまかせておけなくなってきている。そのなかでＵＮＨＣＲは、各国の代理を押しつけられることもあれば、各国から力不足を指摘される状況にもある。国際難民政策は、ＵＮＨＣＲの事業規模をはるかに超えて、急速に変化している。

新しい人道主義のイデオロギーが、進行中のグローバル化と密接、複雑につながっていることは疑いがない。難民の問題はもはや、単に人道問題として孤立的に考えることはできない。現在の援助方法の背後にある、政治的な利害の吟味が必要となっている。

論点⑳ ＵＮＨＣＲ、栄光というよりは苦闘の歴史

国際的な力点が、難民の保護から、物資をただ配布するだけの人道活動に移行する傾向があるなかで、ここで改めて着目したいポイントは、第二次世界大戦直後につくられた救援機関・組織が、難民制度の概念と実施に関して援助能力とその管理をどの程度発展させてきたかである。

難民と呼ばれる人々を援助する際に、どんな技術が戦後の難民危機への対応にあたって用いられたのだろうか。国際難民救済事業、より一般的には国際人道援助を永続的に進めるにあたって、何が発展したのか。

難民の問題に関心をもつ人が援助機関として真っ先に思いつくのは、ＵＮＨＣＲかもし

れない。多くの人は、UNHCRが難民援助という国際社会から委託された権限により、難民を受け入れている国と難民に対して、人道的に役割を果たしていると考えている。難民援助の文脈で「政策」の用語が使われるとき、通常それは、国かUNHCRの活動を表している。

このようにUNHCRは、現代の難民援助の実践における歴史の中心にあり、難民危機に対して包括的なアプローチをすることで、重要な足跡を残してきた。多くの国々が難民政策の実施にあたり、UNHCRに指針の提示と援助を求めている。

同機関の創設にあたっては、アメリカが中心的な役割を果たしたが、アメリカは当時の冷戦状況をにらむなかで、最終的には国連の枠組みの外で難民を扱うことを選んだ。同様にソ連も、国連の難民計画に参加することを拒否した。難民は、政治問題と直接に深くつながっていたのである。

誕生直後のUNHCRには、今日のような制度設計的な能力はなかった。そればかりか、一九五〇年代と六〇年代、UNHCRの委任事項は非常に狭く定められていた。実際のところ初期のUNHCRは、国連パレスチナ難民救済事業機関（UNRWA）や、国連朝鮮復興機関（UNKRA）よりも力が弱かった［Holian and Cohen 2012］。

ホルボーン（L.W. Holborn）は一九七五年の著作『難民、我々の時代の問題』（*Refugees: a Problem of Our Time: The Work of the United Nations High Commissioner for Refugees, 1951-1972*）でUNHCRの公式的な

の歴史を描いたが、ローシャー（Gil Loescher）はそれを修正して、UNHCRが歩んできたのは人道面で絶えず発展を続ける輝かしい歴史ではなかった、戦後初期には能力とつり合わない大きな問題にぶつかり続けていた、と述べる［Loescher 2000］。

UNHCRは中国共産革命の際、中国に残る欧州系の人々を避難、定住させるために尽力したが、香港に逃れた中国人には意味ある援助をしなかった。それでも、難民条約のヨーロッパ中心主義的な委任事項から出発して、香港の中国人難民のために資金を集めるべく、人々の「好意」（good offices）に訴えるという方法を使った。

この試みは、国連を再組織化し、欧州を地理的に越えた難民援助を行えるようにするための、重要な一歩となった。しかし、香港での取り組みが実行可能な人道計画になることはついになかった。根底には、中国人移民が西側に定住する可能性に対する、深く凝り固まった植民地時代の価値観および冷戦思考があった。

UNHCRは戦間期の国際連盟における一時的アプローチを超えて、事業内容を改善させたように思われる一方、委任事項を限定したがゆえに、欧州外の危機に対しては一時的な解決策を設けて対応するだけであった。

しかし二一世紀の現在、UNHCRでは難民発生国への人道的介入および援助活動への参加が、過去よりもはるかに通例化している。活動は原因国内の戦闘区域で実施されるようになり、国連の平和維持部隊と緊密な協力関係の下にある。UNHCRは広範な人々を援助対象に設定し、難民のほかに帰還民、国内避難民、戦火被災民、庇護申請者、庇護を拒否された人、その他の人々を援助している。

一九九〇年代前半、「民族紛争」の頻発により、人道援助のニーズは急激に上昇した。予防措置や長期の開発援助の方が、より費用対効果が高いといわれるにもかかわらず、ユニセフや世界食糧計画（ＷＦＰ）のような国連各機関やＮＧＯは、ますます緊急援助に重点を移した。ＷＦＰは緊急食糧援助に、もてる資金の約八〇％を費やし、ユニセフは約二五％を使った［*ibid.*］。

ボスニアでは聖域（安全地帯）が設置されたが、それにもかかわらず一九九三年春の紛争の最中には、当該地域内の人々の保護よりも、物を配布するだけの人道援助に力が注がれた。

ドナー国政府は、ＮＧＯとくに自国のＮＧＯを通じて人道援助を実施した。人道ＮＧＯの数は増殖を続けた。彼らは資金を求めて、公然と互いに競い合うようになった。

一九九〇年代後期、ドナー国はコソボに緊急援助と復興援助を実施し、何百億ドルも使った。しかしＮＡＴＯは当面の軍事目的が達成されると、多くの難民が戻ることを望んでいないにもかかわらず、帰還を促し始めた。それによってコソボ難民は現地で急に、「物をせびる不法移民」にされたのである［Marfleet 2007］。

アフリカでの緊急援助に際してＵＮＨＣＲをふくむ国連機関が受け取った金額は、コソボのケースの半分以下であった。ルワンダでは、虐殺という危機的な出来事に国連は十分に対応できなかった。旧ザイール（現コンゴ民主共和国）では、UNHCRは難民本体から虐殺の犯罪者を分離できず、保護面で大きな禍根を残した。難民に保護を与えるという根幹にかかわる事柄について、国際社会では実質的な方策がまったくとられていないことが明らかになった。

今日、UNHCRは主導的な人道機関の一つとなり、活動を大きく拡大した後、世界の難民数の総体的な減少という変化のなかで、その立ち位置を変えようとしている。

UNHCRの戦略は第一に、全体として強制的に避難を余儀なくされた人が対象の指導機関に自身を再編成することである。第二に、それにより国内避難民など強制移動に関係する他の種類の人々を自らの事業にふくむために、委任事項を拡大することである。第三に、強制（難民その他）と非強制（移民）の間の明確な区別を保って、自らの行動領域を定めることである。それらはつまるところ、自身の活動を正当化し、生き残るための戦略である[Scalettaris 2007]。

論点㉑　UNHCRの構造とグローバル難民政策

UNHCRジュネーヴ本部を訪れる関係者はしばしば、UNHCRが援助活動を発展させるための政策論議と出会う。これらの論議と取り組みは、ＵＮＨＣＲの援助計画での変化に対応している。

それはたとえば、都市に住む難民へのアプローチや、自然災害によって生じた避難民への組織としての対応のような、新しい活動分野の政策をめぐる議論である。とくに中東の都市難民政策は、ＵＮＨＣＲの新しい政策分野であり、新しい援助地域であるため着目されている。

今日、世界の難民の半数以上が都市域に住み、大半は滞留状況にある。これらの集団の最大のもののいくつかは、中東に居住している。これらの人々を援助するため、都市難民と地域社会を基盤とした統合アプローチに、ＵＮＨＣＲは一層の関心をもっている。

ここには過去の緊急計画および、難民キャンプ中心の救援モデルによる長期にわたるケアと生活支援の援助からの、力点の移動がある。しかし、紛争の継続と大量避難により、新しい政策的アプローチもまた、実施が困難となっている。

アプローチをめぐるＵＮＨＣＲ内の論議は、グローバルな難民制度や行動計画への提言として、難民や他の強制移動民への保護、問題解決、援助に関連した公式声明になるとき、「ＵＮＨＣＲの難民政策」になる。これらの政策は国々に取り入れられ、その支配管理下に入る人々の範囲を定める規則か、ＵＮＨＣＲにより管理される計画のような形をとって、グローバルに実施される。

ＵＮＨＣＲは難民政策の決定に際し主導的な役割を演じ、政策内容がどう形成され、実施されるかに影響を与えている。多くの国がもたない難民関係の事柄についての技術的な専門知識と自らの見解を結びつけることで、それが可能となる。そして、ＵＮＨＣＲ自らが、一つの政治行為者として、独自の援助活動さえ行っている。組織の長である難民高等弁務官は、とくに巨大な国際ＮＧＯや市民社会の実務家と同じく、大きな政治的影響力を各国に対してもっている。

現実主義者は、国連のような政府間組織は主権国家が創造したものであり、その道具にすぎない、という。かくして彼らは、国連を独立の行為者とは考えていない。同様の意味で進歩主義者は国連を、メンバー国の間での相互作用として協力や合意がなされる場所だとのみ考えている。

国際機関は確かに、共通の目標を追求し、行動の予測可能性を増すために、国家によってつくられた経緯がある。しかし難民政策の観点からすれば、ＵＮＨＣＲと難民に関心をもつ、より大きな社会こそが、主要な行為者であるといえよう。

進化するグローバル・ガバナンス

「北」の国々は、世界政治で経済的、政治的、文化的な力を保持している。この状況のなかで、ＵＮＨＣＲの役割は、国家主権制度の下で定義された国際秩序を維持、再創造するために計画されたグローバル・ガバナンスと密接な関係をもつことである。「グローバル・ガバナンス」は、人類共通の問題に取り組む過程や構想、そこから生まれる制度などを指す。

グローバル・ガバナンスの用語は近年よく使われるようになってきた。概念として曖昧なところがあるものの、難民危機と呼ばれるような世界的な統治の課題が、グローバル化のなかで頻繁に出現している事態を受けて使われるものである。

プロセスの点からは、これは国家と他のトランスナショナルな行為者との間で必要となる集団行動の組織化に向けた行為のすべてを意味しているが、内容的には特定の政策分野内か、あるいは分野も横断して、国家や国際組織、トランスナショナルな行為者の行動を調整する規範と実践に関連している。

第二次世界大戦直後、その主体は比較的わかりやすかった。多国間条約や条約を監視し、国家にサービス提供を行うためにつくられた国際組織が行為者にふくまれたからである。しかし今日では、その性格は大きく変化し、公式、非公式に、そして多国間、地域間、二国間で制度の増殖が見られる。新しく国境を越えた問題については、既存の制度の境界を飛び越え、制度間の調整と適応が必要となっている。

UNHCRの政策は、非常に多数の行為者と競争的な権限主体が競合する下で行われる。UNHCRのような国際機関のスタッフは、その政策形成や実施の過程で重要な影響力をもっている。かくしてＵＮＨＣＲは、グローバル・ガバナンスへの関与において、明らかな役割をもっている。

このことは、ＵＮＨＣＲと協力関係にあるＮＧＯや市民社会の政策立案者にも当てはまる。またトランスナショナルな政策集団や知識集団も同様に、主要な行為者である。彼らは特定の分野で政策に適合する専門的知見と能力をもつ、専門家の地域ネットワークを形成している。

難民制度のグローバル・ガバナンスにおける最良のモデルは、こうした世界中の地域ネットワークによって役割を補完されたＵＮＨＣＲだろう。このモデルは今なお、進化を続けている。国家、ＵＮＨＣＲと市民社会の間のプロセスと交渉を理解するには、「グローバル・アゴラ」(global agora）という概念を用いることが有効かもしれない。

グローバル・アゴラは市場から類推されたもので、物理的な場所というより、グローバル化に伴いつくられた社会的・政治的空間である。それは権威が分散し、決定者が拡散し、主権が混乱している場だが、政策立案と行政が行われる公共空間である。ＵＮＨＣＲを軸とするグローバル・アゴラの観点からの分析は、今後の発展が見込まれる研究分野である。

ＵＮＨＣＲ執行委員会（ExCom）

ＵＮＨＣＲでは、主に執行委員会（ＥｘＣｏｍ）を通じて、政策が承認される。ＥｘＣｏ

mは元来、経済社会理事会で選ばれた二五ヵ国で構成されていたが、次第に数が増え、一〇六ヵ国となった（二〇一九年現在）。UNHCR、国家そしてNGOは、グローバル難民政策を採択し、実施し、発展させるために、多くの時間と資源を使っている。

UNHCR執行委員会で過去に決議された主なテーマを時系列に並べると、難民女性（一九九〇年）、難民の子ども（一九九三年）、高齢難民（二〇〇〇年）、保護の課題（二〇〇二年）、帰還と再統合そして国内避難（二〇〇七年）、都市域の難民の保護と解決（二〇〇九年）、自然災害での避難（二〇〇九年）、無国籍（二〇一〇年）、ジェンダーと多様性（二〇一一年）となる。決議への追加事項としては、危険に瀕する子どもたち（二〇〇七年）、滞留難民（二〇〇九年）、障害者難民（二〇一〇年）などがあり、すべてがグローバルな政策になった。

これまで、UNHCRは絶えず委任事項、機能を再解釈し、人々を保護し援助する避難集団の範囲を拡大してきた。新しく対象になったのは、分野・地域だけではなく、無国籍者、国内避難民、自然災害の被災者、都市難民、その他の保護が必要な移民がいる。UNHCRは委任事項を変更しながら、質と量の両面で変化してきている。

UNHCRはまた、執行委員会の結論という形で「基準設定」を行い、規範を設定し、外交を通じて諸問題を関連づけ、各国に国際協力を促している。規範をつくる方法には、トップダウンの交渉モデルと、成功事例をもとにしたボトムアップの実践モデルとがある。そしてグローバルな課題を設定し、交渉し、基準を定め、知識を集約し普及させることで、関連する事柄とのギャップに対応している。

ＵＮＨＣＲには、触媒的な役割と能力を備えた、この執行委員会が有益な場としてあり、これまでも国々をまとめ、主導権と方向性を見通す力が求められてきた。グローバルな政策を発展させるこうしたプロセスは、言うまでもなくＵＮＨＣＲがその主導力を発揮する場となっている。

各国代表者間の交渉

それでは、執行委員会（ＥｘＣｏｍ）の政策や規範は、様々な声や利害をもつ国々の間で実際にどのようにつくられ、当事者となった政治行為者はそれらをどう利用し、意識して行動しているのだろうか。その一部を、ジュネーヴでの筆者の体験をもとにして述べてみたい。

グローバル難民政策は、政策課題への反応として実施され、目的をもった行動により、改善の可能性をもつものと考えられている。ＥｘＣｏｍは特権を有するトランスナショナルな政策策定の場であり、ここでグローバルな規範を設定するプロセスが実施され、難民政策のグローバル・フォーラムが形づくられる。そこでは、政策の背後にある政治と、権力争いの力学のいくつかを見ることができる。

ＵＮＨＣＲの政策と規範の設定案はＥｘＣｏｍにあげられる前、ＵＮＨＣＲ内の異なる組織レベルで行われているが、その最終段階となるＥｘＣｏｍでの規範づくりのプロセスの一端を述べてみたい。

ＥｘＣｏｍメンバー国の外交官は交渉を担うため、外から最も良く姿が見える人たちである。実際の交渉には、メンバー一〇六ヵ国のうち二〇ヵ国ほどが参加し、そのうち一〇ヵ国弱のメンバー国が主な活動国である。

各国代表のうち、庇護や人道問題を専門とする人々は少数で、大半は総合職の外交官である。彼らは単に国の代表として働くというより、むしろ他の種々のフォーラムとの間の仲立ちをする働きをしている。日本の場合も、筆者が研究でジュネーヴに滞在していた時、ＵＮＨＣＲ関係では同地の国際機関日本政府代表部の外務省総合職キャリアの中堅の方が、一人で担当されていた。

他の国連フォーラムの場合と同様、ＥｘＣｏｍの決議事項は、すべてのメンバー国が平等であり拒否権をもつ、という国連の原則に従って、全体的な合意を経て採択される。決議本文に関しては何度か読み合わせが行われ、段落ごとに検討される。各国代表は原則的に自国政府からの訓令・指示にしたがって、語句・文章の修正を要求する。各段落は、反対がない限り採択される。

ＥｘＣｏｍでの論議の際には、メンバー国の代表が順番で、司会（執行委員会に任命され、後に会議報告書を作成する担当者）を務める。会議のお膳立ては、ＵＮＨＣＲの執行委員会事務局が行う。彼らにはまた、提案された修正意見を本文に直接、挿入する責任がある。

会議には、司会、事務局長、国際保護局の二人のスタッフ（決議原文を修正・調整する責任者）の計四人が会場の壇に上がり、議場に列になってすわる各国代表と向き合う。代表の大半は互いに顔見知りだが、意思疎通では個人の感情を交えず、やりとりは通訳者、イヤフォン、マイクロフォンで媒介される。

公式的には、多国間交渉は全会一致の決まりがあり、国力で下位にある行為者にも発言の機会を与えることで、構造上の力の不均衡を是正する仕組みがあるが、ＥｘＣｏｍでは非ドナー国が拒否権をもつために、小さな国々が他のフォーラムと比べると大きな影響力をもっている。

実際、各国代表の間の力関係は明らかだが、たとえばイスラム協力機構（the Organization of the Islamic Conference, OIC）に属する国々の存在は、声が大きくない中東のいくつかの非ドナー国にとっては、例外的に好都合となっている。これらの国々の多くは、国内に数多くの難民をかかえ、近年ＥｘＣｏｍのメンバーになったばかりである。

その結果、レバノン、パキスタン、バングラデシュの三ヵ国（時にはイランも参加し、重要な役割を果たす）は連合を形成し、ＥｘＣｏｍを、文化的な権利や財政援助の要求ではなく、国際難民法の発展・遵守を抑えるための場として使い始めた［Fresia 2014］。

また、このグループの国々は一様に、たとえば子ども、家族、性別について「自由」という概念が明確に埋め込まれた字句・段落に反対している。彼らは代わりに、「子どもの最大の利益」という概念は、全体として家族の役割の重要性を支持する声明によって補完されるべきだと要求している。

ＥｘＣｏｍでの交渉は、外交官、国際機関職員、ＮＧＯ活動家をふくむ多数の行為者が織りなす、バラバラに散らばったプロセスである。多数の難民をかかえる非ドナーの途上国にとって好ましい方向は、ＥｘＣｏｍの決定プロセスにおいて難民基準を新たに設定することではない。むしろ彼らは、自分たちの目からは「あまりに高圧的で西欧化されている」ように映る国連の基準に異を唱え、自分たちの宗教的、文化的、法的な違いを主張する手段や場として、これを利用している［*ibid.*］。

これに関して、ある「南」の外交官は、難民を国内にかかえる貧しい受け入れ国は、難民を避ける一方で保護の重要性を横柄に説き続ける裕福な「北」の国々に飽き飽きしている［*ibid.*］、と述べた。

そして彼らは財政援助の権利を要求し、最終的には自分たちの国内で難民を保護するよう圧力をかけてくるＵＮＨＣＲとドナー国に対しては、自らの支配・管理の権力強化を主張している。ＥｘＣｏｍの場はかくして、ＵＮＨＣＲの政策に影響を与える財政力がまったくないこれらの国々に、自国の見通しと利害を主張し、拒否権を行使する機会を与えてしまっている。

各メンバー国は、政策形成のプロセスに影響力を行使しようと、イスラム協力機構の国々のように連合を組んだり、議事の進行を妨げたりといった手法を使う。そのため、権威が分散し、決定者が拡散し、主権は混乱している。

論議が紛糾すると、UNHCRは論議を法的な技術面へと転換をはかり、司会者は仲介・取り次ぎを行い、NGOはロビー活動を行う。政策立案という公共空間で、国家と非国家の行為者、国際的レベルと国内レベルの境界が曖昧になり、最後は何らかの妥協に落ち着くというプロセスがしばしば見られる。

論点㉒ 難民キャンプで「ただ待つ」ことは人を病気にする

「私たちは難民。物事に耐えねばならない。しかし、自分たちの運命がどうなるかを知る必要がある。キャンプから出るため、助けが必要だ。それが間もなくできるとは思わない。ここでの生活は最悪だ。あなたたちには決してわからない」（香港のあるベトナム難民の言葉）

「難民キャンプ」（キャンプとも略す）は第二次世界大戦以来、国際難民制度のなかでは最も制度的に確立されたものの一つである。第二次大戦中に発生した、あるいはその直後に発生した難民と戦後にかかわりをもったUNHCRによれば、「難民キャンプでの経験」は、新しい社会へ適応する意欲・能力のうえで人々に「否定的な影響」を明らかにもつ。

そのためにＵＮＨＣＲは、難民の受け入れ国での永住に向けて迅速な行動をとるよう国際社会に勧告を重ねてきた。

難民キャンプでは、たとえば庇護する国や、難民数の増減によって、その「ありようが変化する」のはもちろんだが、戦後、その数は一貫して増え続けてきた。そして帰国できない、かといってどこにも受け入れられるところがない多くの人々にとって、キャンプは永続的な「難民収容センター」となってきた。

現在の国際難民制度の下では、第一次庇護国、国際難民機関・組織（ＵＮＨＣＲやＮＧＯなど）、定住国、そして難民自身が、庇護と収容に関する政策決定の主な行為者である。この四者は、キャンプでの生活がどのようなものになるかに大きくかかわっている。たとえばチベット難民の場合には、彼らの受け入れ国インドと援助にかかわる国際機関により、難民は自らのアイデンティティを保持することを認められ、亡命者のコミュニティをつくる自由と資源が与えられた。

これに対し、香港のベトナム難民キャンプでは、香港政庁、国際機関、定住国（アメリカ、カナダ、フランス、オーストラリアなど）により、難民を抜いた形で話が進められた。難民は「一時通過」する個人と考えられ、キャンプは彼らを一時的に収容する「仮の施設」とされた。いかなる意味でも、人間としての、ベトナム人としての真のアイデンティティは認められなかった［小泉 1998］。

以下では、キャンプがもつ性格と役割、そしてそれが各難民に与える心理的な影響について概括的に述べてみたい。

悪名高き「閉鎖キャンプ」

キャンプの実情を知るために、歴史をやや遡って、悪名高かった香港政庁の一九八〇年代のキャンプの様子を例として取り上げてみたい［小泉 1998］。

香港に流入したすべてのベトナム難民は、一九八二年七月以降、外部との接触を一切禁じられ、監獄のような「閉鎖キャンプ」に収容された。

この政策は、香港の資源が難民により圧迫されることへの危惧と、放置すれば将来ますます難民が流入してくるだろうという香港政庁の怖れを表していた。事実、狭い香港で難民のために土地が使われることは、本来なら地元住民のものである資源が他に回されることを意味していた。

香港政庁は、東南アジアから来た難民の受け入れを、地域の他の国々よりも不当に多く負担していると感じていた。政庁の目的はだから、これ以上の負担を拒み、キャンプの滞在者にはベトナムに帰ってもらい、新たな流入を阻止することにあった。

そのためにとられた方策は、香港での難民の生活状態、つまりはキャンプの生活環境を著しく劣悪にすることだった。高いフェンスとコンクリートの壁、四六時中の監視、食べること・寝ること以外に何も許されない生活、プライバシーのない蚕棚のベッド……。そうすれば難民は、香港が良い目的地ではないと考えて、流入数は止まり、すでに滞在中の難民はベトナムへ戻るだろう、というのが当局の政策における「意図」だった。

政庁は、キャンプが「一時の滞在場所」と公に認知されることを望んでいたので、キャンプ内の施設の処遇を改善して居心地を良くする試みには断固として反対した。娯楽室を一つつくるのでも、キャンプ内の居住者と政庁の役人の間で、際限のない話し合いが続けられた。

「人道的抑制策」と呼ばれるこの悪名高き政策は、同じ時期、タイでも実施され、同国政府はラオス難民の帰還促進のため、国境であるメコン河を渡って脱出してくる人々に対し、待遇が劣悪な「閉鎖キャンプ」を設けた。

待って、待って、ただ待つだけ

キャンプ生活ではあらゆることが不確かであり、将来を決める力も難民の掌中にはない。難民には、これから先の自らの運命の選択に関与することがまったくできない。運命を決めるのは、ときおりキャンプを訪れて難民を面接する、受け入れ国の係官である。

難民は、彼らの窮状を救うべくつくられたキャンプの中で、国際機関ＵＮＨＣＲの関心の対象となり、彼らの多くはただ「被収容者」として、何ヵ月いや何年もの間、「どっちつかずの曖昧な状況」のなかに置かれる［小泉 1998］。祖国からは離れて存在しているが、しかしまだどこにも受け入れられていないという中途半端な状態である。

難民は多くの場合、現政権の下では未来がまったくないと考えて国を脱出する。彼らは、自分たち自身が社会の「主流」からはじき出され、「行動の自由」を否定されたと考えている。現政権から陰に日向に妨害され、職を失い、新しい職にもつけず、財産を切り売りする毎日である。失うものはもはや何一つない。彼らはより良い生活を見つけるために国外へ逃げ出す。

難民はキャンプを、新しい生活へと移るための「代償」と考え、逃亡過程の「一部」として受け止めている。彼らは出国の際、どこか特定の場所に落ちつくという積極的な動機を初めからもつわけでは必ずしもない。自分の意思に反して祖国を離れねばならなくなったという点で、移民とは異なっている。

しかし、キャンプから出発できる時期は、予想することができない。キャンプにいる人々がもつのは、「待つ時間」だけである。大人にとってキャンプは、自分たちが逃亡し、国際難民制度に組み込まれる前に祖国で経験した「疎外」という長いプロセスの延長線上にある。

難民にとってキャンプ生活での目標とは、ただ一つ、「出発の日」である。毎日の生活は、待つことを中心に営まれる。インタビュー（面接）を待ち、祖国に残した家族についてのニュースを待ち、他国へすでに定住した親戚の便りを待ち、キャンプに新たに到着した難民のなかに縁者・知人はいないかとリストを見ながら、入国管理当局の役人が定住許可が下りたと知らせてくる日を待っている。

彼らはかすかな期待のもとに、仮の地位に留まることに甘んじ、現在を耐えている。彼らの状況に最も近いのは、「戦争捕虜」かもしれない。捕虜には、自分では将来を選べない不確かな現在と、行動の制約、他者への依存がある。しかし難民が戦争捕虜と違うのは、捕虜が祖国で再び家族たちと一緒になることを期待するのに対し、難民は代わりに外国での「受け入れ」を希望することである。

祖国で彼らが営んでいた以前の生活と、不確かな未来との間にポッカリとあいた難民キャンプというエアー・ポケット。そのなかで難民が滞在を引き延ばされ、孤立させられると、難民の感情には難民であること特有の性格と立場による影響が避け難く生じる。すなわち、難民の間に「故郷を失った」という絶望が広がり、強さを増していく。難民の多くは家族と引き裂かれ、時には一生会うことがない。深い悲しみと悲劇は、共通のものである。

しかし何より注目すべきことは、「中途半端で、どこへも行けない」という難民たちの状況が彼らの主体性を損ね、無力感を与えることである。倦怠、退屈、疲労、無力、希望の欠如……。難民は日々の生活のなかで、自分自身や家族に起こっていることに関心を失い、難民キャンプの中の自分たちのコミュニティについて、ほとんど意識を向けなくなる。

「ただ待つ」ことは人を病気にする――二度と目を覚まさなかった

難民が耐え忍ばねばならないことは、どこかへ行くために待つことである。ただ待つことは、彼らの健康を損なう。心理的には、憂鬱、不安、不満、ホームシック、あるいはこれらすべてが混合する。

選択肢が現実にないことは、当人の物理的、社会的な脆弱さを増す。ストレスや鬱の感情は、便秘や嘔吐を引き起こす。女性の多くが訴える痒《かゆ》みは、食物アレルギーと考えられるが、空気の汚染かストレスのような他の要因により引き起こされているのかもしれない。

移動中の人々は、食べ慣れた食料を入手できず、あまりなじみのない他の食料の摂取を増やすことになる。また避難中に食料消費の質と量が変化することは、難民の健康にとって深刻な意味をもっている。たとえばカイロのスーダン難民は、難民キャンプには収容されていなかった。だがビタミンAと鉄分の不足が広く認められ、栄養失調の割合が非常に高かった。彼らはスーダン南部から首都ハルツームへ、それからカイロにやってきた人々である［Ainsworth 2007］。

アフリカの難民は国境を越えて文化的類似性をもち疎外感を覚えないという考えに誤りがあることは、一九八〇年代にすでに、アフリカ人研究者のカラダウィ（Ahmed Karadawi）

によって明らかにされている。

前述の香港のキャンプで支援に従事した援助団体のスタッフは、私に「難民にはキャンプの生活状況を改善する活動に参加する気持ちが欠けており、彼らは自分たちに必要なものを、責任ある大人として我々スタッフに依頼したりはしない。まるで〝何でも依存する子ども〟のようだ」と嘆いてみせた。このように無気力となった難民の「依存症候群」のケースについては、もっと注意がはらわれてしかるべきであろう。

また、子どもの問題も深刻である。親が子どもだけを先に祖国から脱出させた場合や、移動中に親と離れた場合には、多くの子どもが亡命の意味を理解できない。祖国の親元に帰りたいという願望と、「親が子どもに託した」先進国へ行くという使命感と興奮の間で、小さな胸は張り裂かれる。

そうした子どもは、彼らを見守る親も親類縁者も近くにいないことから、わずか七、八歳で一人前の大人のように振る舞うことを周囲から期待される。監督する親がいないので、まったく「独立的」に行動するようになる。あまりに独立的になると、第三国に定住後、受け入れてくれた里親の家族内で、問題を起こすかもしれない。

キャンプ内で形成された新しい人間関係は、とくに重要な影響をもつ。友人は、キャンプ内で自分の身に何か問題が起きたとき、頼りになる特別な家族となる。友人の第三国への出発は、後に残された大人にも子どもにも、少なからぬ懸念をもたらすことになる。

しかし、大人の場合も子どもの場合も、たとえそうした友人関係が今や、祖国に残してきた親族や友達以上に重要なものとなっても、しょせん一時的なものとみなされてしまうのがつねである。個人がキャンプ内で友達との間に築き上げた絆は、つかの間のものとみなされるのだ。

香港のキャンプでは、ある年、はっきりした原因がわからないまま、一年間に五人の若者が死亡した。彼らは眠ったまま、翌朝、目を覚まさなかった。医者は、キャンプの生活状況が与えた「心理的ストレス」が原因だと診断した［小泉 1998］。

以上をまとめれば、多くの難民キャンプは、絶対的権威をもつ当局によって厳重に管理されており、難民が独裁、専制といった権力による迫害から逃亡してきたにもかかわらず、まさにそれらの権力を「再生産」し、乱用さえする。キャンプでは多くの場合、庇護、安全、自己管理の回復といった難民の希望がともすれば損なわれ、他者への依存、無力感という新しい問題を生み出している。

囚人のように自由が制約され、そのために難民は過去を生き、将来を夢見るようになる。収容中の人々の間には、自分は「無視され、忘れ去られた」という感覚が共有される。彼らは「我々にはまったく権利がないし、まったく地位もない。我々は望まれざる者だ」という。

これは祖国を逃れはしたものの、どこにも永続的な庇護を見出せず、代わりに難民キャンプに何ヵ月、いや何年と滞在し「異常な現在」と「不確かな未来」に直面し続ける大多数の難民に「共通する経験」である。以前の社会的地位の違いはもはや、これらの人々の間では何の意味もない。

キャンプに長期滞在したことの否定的な影響は明らかである。人々が大きなストレスの下に生活していることは、疑いえない。キャンプそれ自体は、いかなる意味においても、自分自身で決定する未来へ向かって活発に能動的に生きるための動機を育むところではない。

キャンプ滞在によって、新しい国へ入国しようとする難民が何かを準備したり、前もって利益を得られたりすることはほとんどない。「監禁状態」にある難民に対する「責任をもつ組織」の間の気づきと改善が、重要性を増している。

論点㉓　虚偽の申告は生きるための戦略であることも

難民の選別においては、定住国は難民条約の定義を優先するかどうかの判断とともに、「副次的な保護」（難民条約上の難民には該当しないが、人道上の観点からの受け入れを認めること）の対象となる人々について定義を定める必要がある。実際に選別するときには、これらに他の基準、たとえば定住国と歴史上の絆をもつ特定の集団か否かを結びつけるかもしれない。

定住国は受け入れの最初から、彼らをどう処遇するかを選択できる。難民をどう定義するかは、定住の可否を左右するため論議が必要な問題の一つとなっている。受け入れ数が少ない国の場合には、大規模な定住計画をもつ国よりも、難民条約の解釈が厳格になる傾向がある。さらに、定住に適格かどうかの判断は、それまでの審査結果の傾向に影響されがちである。

移住は管理されるべき社会事象として頻繁に論議され、国家は認定者の選別過程で事前に役割を果たすべきだと考えられている。各国の司法省や内務省は、国家主権を管理することへの志向が最も強い省庁である。彼らは国家の法を指導・実践し、出入国の管理者となるからだ。これらの省の政策担当者は、各国の状況や世界各地域のことを考えるよりも、国益を第一に守り、国の政策を守ることに専心しているものだ。

他方、定住受け入れ国側は、自分たちの社会への難民の「統合の可能性」を考えてもいる。その際、家族のつながりに焦点をあわせることがしばしばある。なお「統合の可能性」という表現については、UNHCRが、難民を偏見なく広範に受け入れてもらう立場から使用を各国にやめるよう求め、用語がどんなものであっても定住を狭く定義すべきではないとしている。狭い定義が難民の定住を無効化し、移民計画に矮小化し、庇護を妨げる計画になることを懸念しているためである。

難民が一つの避難先から別の地へ移動するのは、家族再会という当たり前の権利、人権を達成する手段でもある。家族の構成員を改めて一緒にすること（家族再会）は、基本的人権の点からだけではなく、受け入れ国での難民の社会統合を円滑に進めるための措置として考えられている。

家族の追跡や再会には、いくつかの仕組みがある。アメリカ、カナダ、オーストラリアのような定住国は、すでに国内にいる難民に対し、近親者の入国にいくらかの便宜を与えている。

「家族だ」という偽り

しかし、家族の再会計画においてはどんな場合でも、とくに家族のつながりをめぐって、虚偽や不正が発生しやすい。その典型例は、①面接の際の不正な情報の供述、②家族関係についての虚偽の主張、③定住計画で許可の決定をくだす立場の官吏による汚職である。

近年、各国でとくに問題となっているのは、②と③である［小泉 2013］。③の官吏の汚職には厳罰と解雇で対応し、一人の官吏だけで始めから終わりまで一つのケースを扱わないようにすることがカギとなる。また長期の事業慣行は改める必要がある。ここでは以下、①と②について述べる。

申告時のすべての偽りを避けることは困難だが、この問題が定住国の間で議題の上位にあがってきている。ＵＮＨＣＲは、とくに東アフリカと西アフリカの地域で、申請者の虚偽申告に悩まされている［van Selm, Woroby, Patrick and Matts 2003］。

しかし考えてみれば、難民キャンプのようなほとんど保護のない状況から、先進国へ移る機会が得られるのであれば、嘘をつくのも無理はない。情報が限られた環境のなか、どこかの国に自分の息子や娘がいると申告すれば家族の一員として受け入れられる、という噂を耳にすれば、実際には甥や姪であっても、嘘をついてしまうかもしれない。

嘘という誘惑は難民にとって、大きな意味をもっている。難民キャンプなどの絶望的な状況のなかで、「定住」というチャンスを得ることは個人にとって、高度に価値のある解決策だからである。

九・一一以降アメリカは、こうしたケースの急増に耐えきれず、同国に以前旅行などで入国したことがない人々全員の申請の審査を難民入国検証ユニット（ＲＡＶＵ）で行うこととし、多くの拒絶者を出した［*ibid.*］。

アメリカ滞在中の難民による「身元引き受けの保証書」（an affidavit of relationship）の偽造については、たとえば西アフリカで待機中の難民七〇〇〇人中、約六〇〇〇人に何らかの関与がＲＡＶＵにより見出され、アメリカへの入国を拒否されている。アメリカの関係者の一部には、ＤＮＡ判定の導入の声まであがった［Martin 2004］。これは難民たちの間に、新しい懸念を引き起こした。

一方、欧州の定住計画では各国の受け入れ数がそもそも少ないこともあって、イギリスを除いて、入国の許可要件として家族を探すことはしていない。そのため難民の家族関係での偽りの問題は、アメリカほど深刻ではなかった［Noll and van Selm 2003］。

国家がテロの脅威から安全を確保し、偽りを回避するというのは解決の困難な問題であるが、難民が定住するまでの過程には治安・情報機関による厳格な事前審査が幾重にもあり、さらに入国時の審査がある。したがって、定住はテロリストにとって最も使いにくい方法だと指摘できよう。実際、九・一一を引き起こしたテロリストは、難民ではなく、移民の別のカテゴリーを使っていた。

繰り返せば、定住審査では、難民による虚偽の申請・供述の疑いは絶えずつきまとう。それは難民にとっても大きな負担となる。難民は少なくない場合、過去のアイデンティティを喪失し、逃亡という苦難のなかで出生証明書、居住証明書も身分証明書もなにもかも失っている状況である。近代的な官僚制度による面接のなかで、うまく自分を表現できないということも十分にありうるだろう。

求められる受け入れ側の柔軟性

虚偽の申告を受け入れ側が避けるには、彼らが難民になった時点でできるだけ直接接触し、難民全員の登録をすることが必要だ、といわれる。ただし、難民発生初期の現場は混乱しており、登録作業にはかなりの労力と費用がかかるため、それが実際に可能かどうかの疑問は残るが、確かに「登録」は定住の準備として有用な情報源であるとはいえよう。

また、定住にあたり「家族の絆」という名目での入国切符を避ければ、比較的容易に虚偽申告を封じることができる。途上国では拡大家族が一般的で、兄弟姉妹の家族が同居しており、家族の範囲が先進国とは違う。定住枠が限られるなかで、拡大家族を無条件に受け入れていくと、真に助けが必要な人の人権が脅かされることもある。家族関係を通じた定住の道を難民の審査からは分離し、家族構成と定住手続きについて明確な指針をつくることが必要となっている。

その他、「複婚制」（たとえば、夫一人に妻二人）についての規定をふくめ、家族構成の指針がつくられる必要がある。受け入れる先進国は多くがキリスト教国であり、妻を二人以上もつことは不道徳とされる。その際に望まれるのは、この規則に抵触するケースへの「寛容さ」をもつことである。

一方で、官吏の汚職には厳罰と解雇で対処し、一人の官吏が始めから終わりまで、一つのケースを扱わないようにすることがカギとなる。長期の事業慣行は、改める必要がある。

さらに、現代では通信技術が発達し、定住計画のなかに移住希望者を潜り込ませて、金もうけしようとする組織犯罪が成長している。そのなかで、嘘の問題は悪化している。ただし、虚偽の申請の完全な排除は不可能に近いので、政策担当者にはささいなことへの忍耐が必要かもしれない。それでも方策はとりうるし、政策と措置は厳格になりすぎない程度に慎重に定める必要がある。

基本的に、受け入れ社会への統合の可能性が状況に対する政治的判断とともに重視されるべきこととして、倫理道徳が挙げられる。難民からの視点が、国家や地元社会の視点と同じ程度に考慮されるべきである。

受け入れ国が厳格で狭い目標を立てることは、難民のうち誰を選ぶかの選別を行う際には事業を容易にし有益だが、世界的な定住制度にとっては不利益となる。したがって、受け入れ国には広い目標もまた必要であり、計画を効果的、効率的にするうえでの柔軟性が必要となっている。

論点㉔ 歪んだ戦略を強いられる難民もいる

何らかの生活資産をもち、それが利用可能である難民の場合には、肯定的な対処戦略（賃労働、食品販売、小商い、サービス提供）をとることができる。しかし、生活の糧を得る機会が少ない難民のなかには、否定的な対処戦略（売春、乞食、窃盗）にいたる人もいる［Umlas 2011］。

たとえば、紛争に関与した難民のうち、数は少ないものの重要な集団として、「元兵士」が挙げられる。彼らは、他のすべての人々の逃亡を引き起こしたことで非難されている。内戦にかかわった元兵士の多くは、職業軍人ではなく徴兵された若者である。彼らに紛争を起こした責任はないが、戦闘に伴い虐殺を実行した主要な当事者ではある。

元兵士たちは、農民に戻って以前の生活を再び始めることをしばしば拒否する。若い男性に小規模農業を勧めても一般に嫌がられ、農業での再出発は期待できない。かつて生活した元の社会で、復帰が歓迎されないこともある。社会から周辺化された若者や失業者と同様に、元兵士は暴力文化と犯罪に引き寄せられやすい。犯罪とかかわった生活は、彼らと家族や地域社会とのつながりを弱めがちである。

彼らのように若い時期を暴力的に過ごした元兵士は、とりわけ社会への再統合が難しい。受け入れ国の弱い経済のなかで、若者は時に暴力的な傾向を強め、大きな懸念事項となっている。アフリカの諸都市は、経済的な見通しがとりわけ不透明なためもあり、武装した元兵士の暴力に苦しめられている。紛争は、たくさんの武器と暴力への道を残している。

この問題は、難民がいったんは先進国に移住しながらも、犯罪等の理由によって、そうした国から送り返された場合にも見られる。たとえば、アメリカはエルサルバドル人、ホンジュラス人やグアテマラ人を国外に追放している。彼らはしばしば追放された地で、再び暴力行為にかかわっている［Fagen 2014］。

アメリカで犯罪を起こしたエルサルバドルへの送還者は、同国への送還者の四分の一〜三分の一という割合を占め、エルサルバドル人のうちのかなりの数に上る。エルサルバドル人の主な暴力集団がいるのはロサンゼルスだが、追放者のつながりを通じて犯罪ネットワークが中米全体に広がっている。追放者はほとんど全員が帰国後、空港で同じ背景をもつ人に出迎えられ、最小の一時援助を与えられる。そこから先の体系的な追跡調査はない［*ibid.*］。

では暴力集団になぜ、多くのエルサルバドル人の若者が引きつけられるのか。彼らは国外追放されると、他の追放仲間以外に社会的ネットワークも仕事もないからである。家族はいないか、暴力団の一員としての物理的な特徴（刺青、服装）から、家族に受け入れられない。面倒を見て雇用してくれるのは経済的に成功した暴力団の構成員で、彼らとはエルサルバドルやアメリカの刑務所で知り合っている。

今日ではそのような犯罪集団は、商人やサービス産業へのゆすり・恐喝で生活資金を得ているが、彼らは人口密度が高く身を隠しやすい場所に住んでいる。エルサルバドルとアメリカの間のつながりはおそらく、両国の間を往来する暴力集団のメンバーにより強められている。

論点㉕　難民全員が弱者か？ その後のケアは？

難民のニーズは、多岐にわたる。ある人には、切迫した危険のある地域からの「脱出」後の、即座の保護が必要となる。またある人には、家に安全に戻るまでの短期の保護だけが必要になる。他方、ある人には、より持続的な介入が必要な場合もある。帰還する場合でさえ、補償措置や、根本的な人権を守る仕組みを再構築することが必要になるかもしれない。

いずれの場合でも、難民グループとそのなかの個人には、避難による影響がある。そしてそれらの経験（難民経験）を形づくる力が働いている。避難による影響を描くために様々な理論や概念が使われるが、「難民経験」という言葉は、難民になること自体が避難による影響の中心をなすことを強調している。

避難の経験は、その個人の信念や価値のような個人的要因を通じて、決定的に形づくられる［Ager 1999］。クロアチアやボスニア・ヘルツェゴビナの例では、約五〇％の人々が隣人や知人の裏切り、密告を経験し、社会崩壊が進んだ。こうした出来事が難民経験を形づくる。一般的な難民経験の形成を時系列で見てみたい。

逃亡・分離・移動

原因国での移動制限や学校閉鎖のような慢性的な要因が個人や地域社会に与える深い影響は、迫害や暴力といった直接的な被害に隠れて、見落とされがちである。収入機会の消失や、飢饉の発生などで食料不足となり、生活が不可能になることもある。逃亡か否かをめぐる家庭内の葛藤は重要なトピックだが、信頼できるデータはほとんどない［*ibid.*］。

自国からの逃亡には、情緒的および精神的な混乱を促す傾向があることは明らかである。家族と離れ離れにならず一緒にいる人々にさえ共通する感情は「怒り」であり、祖国で果たせずに終わった「未完成の用件」への執着と、帰国への願望がある。

この状況のなか、人間であることを確認できる生活の形を維持することが、彼らには何より重要となる。逃亡は精神に負担をかけるが、極度な危険はその状況をさらに悪化させる。しかし一般に、「逃亡前の厳しい経験」と「移動の際の過酷な経験」は、区別して分析されていない。

最初の到着・受け入れ

逃亡後、最初に受け入れられた国（第一次庇護国）への到着時、難民は一般に、登録の手続きを行う。「難民としての地位」は、生活必需品の配給や他の支援を受けるのに決定的に重要である。

多数の難民が到着したときには、彼らへの扱いは乱暴で、人間味がない。彼らは他人へ依存せざるを得なくなったことを認識し、それに伴う無力感を覚える。しかし、食料が不足したときでさえ、家族以外ともそれを分け合うという社会的な礼儀を維持する場合もある。

職を得るうえでの困難

難民が適切な職の機会を得ることは難しく、生活上で長期にわたり困難を経験する。難民が難民登録をしないのは、かなり多くの国々で庇護の申請（難民申請）が労働許可の取り消しとかかわっているためである。申請結果が出るまでの間、彼らは労働ができないか、勾留される。その他登録をしない理由としては、申請の仕方を知らなかったり、申請に行くための交通費などがなく、当局の担当部署に行けなかったりすることも挙げられる。

難民は生活の過程で、法的な地位をふくめ、非常に高度で複雑な情報を必要としている。彼らが直面するのは、どこで必要な情報が得られるか、どのようにしてその内容の信頼度を評価するのかという問題である。情報が貧弱だったり、誤っていれば、結果として家族を失ったり、金銭的に破滅することから、最悪の場合は命を取られたりすることまである。

社会・文化上のあつれき

先進国での定住の場合はとくに、難民という社会的に少数の人々に固有の問題が発生する。彼らの肌の色、振る舞い・行動といった民族的な特徴は、途上国に定住する大多数の人々のなかにいる場合よりも、大きな注目を集める。

難民がもつ習慣や文化と、地元の他集団のそれとの関係について、難民と受け入れ社会が示すそれぞれの態度は、難民がとる「文化変容」の形を決める。変容の形は、個人的、社会的、政治的な要因に影響される。受け入れ国が極端な同化政策をとれば、難民には精神上の問題が生じやすい。

世代間のあつれき

家族内の価値観にずれがあったり、家族構成員のなかで適応上の程度に差異があることは、それぞれの構成員に大きなストレスを生み出す。前述したように、大概の場合において、子どもは学校での社会化の結果、大人よりも早く適応を進める。一方で女性と年長者には家で孤立する傾向があり、受け入れ社会で期待される行動・振る舞いの習得が遅くなる。言葉のやりとりや諸々の手続きなどで、子どもが通訳となって大人の役割を果たすようになると、立場が逆転して、家族内の雰囲気は険悪になり関係は不和になる。

難民経験を形づくる力はまた、グローバルに難民に実施される政策、政治、哲学的な思想傾向からも影響を受ける。それらは国家や地域社会の社会的・文化的プロセスを通じ、難民の個人的な性格や苦難に影響してくる。マクロからミクロまで、つまりグローバルから地域社会、個人レベルまで、難民に働く要因を概念化するには、異なるレベルで働く力の相互作用と、その関係の理解が必要となる。その相互作用は、不可避的に国家と難民の二方向からなる。その関係のあり方を決めるのは、両者の力関係である。

　国家の力は強く、難民個人の力は弱い。その二者の間の相互作用では、一般に国家の影響力の方が、個人により大きなインパクトを与える。ところが現実の個人レベルでの調査や分析では、難民経験を形づくってきた社会プロセスとあまりつなげられていない傾向がある。多くの研究ではそれが文脈を外れて語られ、個人的状況やその特徴に、あまりに焦点が絞られすぎている。

　拷問を受けた個人の場合、その個人の精神的な特性や強さだけでなく、当該の社会全体の構造が影響してくる。痛みや処置の不当さを共有することが、定住国でも原因国でも、拷問からの生存者と戦禍を受けた社会の復興のカギとなる。

　難民の多くが強靭な回復力で事態に対応する一方、より弱い状況にある人々についてはきわめて対応が難しく、精神的な病や社会問題を引き起こす危険性がある。しかし、難民が共通に経験する広範囲の問題を考えるとき、そうした点に過度に焦点をあわせることは、難民経験を「不必要に病的なものにする」危険性がある。あるいは、難民は脆弱な存在である、という考えを強めてしまうかもしれない。

　難民経験は人によって多様であり、幅広さ、奥の深さ、程度に違いがある。そのなかでトラウマなど個別の経験を過度に強調することは、経験を個別化し、文脈を外してしまう怖れがある。そうした出来事の鮮やかさや劇的な状況だけが、難民にも援助関係者にも関心の的となる危険性がある。

自身が社会に適応していくための強いエネルギーが、彼ら難民のなかにはある。難民および難民グループが共通にもつ強い回復力を考え、バランスのとれた見方をすることが必要である。

難民はすべて、庇護以上のもの、たとえば働く権利や生活費を稼ぐ機会を必要とする。居住権についての政策を実施することは、難民における精神衛生上の問題を減らすのに大きな役割を果たしている。安心・安定した所属の感覚をもつことが、精神衛生を良好に保つうえでは重要である。

そうしたなかで難民は、受け入れ国が要求するものと、その社会が与えるチャンスを比較して考え、自分たちの文化や伝統の継続性との間でバランスをとりながら、自らのアイデンティティを活発につくり出している。

彼らは、自分たちを支える社会支援ネットワークの有無、政府の援助形態、自国で取得した専門資格の受け入れ国での厳しい認定度合い、自国文化と受け入れ国の文化の距離、現実ないし知覚される人種差別を通して、自分たちの動機や行動を見さだめ、受け入れ国に適応しようとする。

期待と現実の間にあるギャップのかなりの部分については、政府やNGOの介入により教育や訓練、言語能力の改善が図られ、地理的に居住地を選べるよう配慮することで、緩和しうる。

難民経験を考える際には、彼らの経験の共通の要因に視点を注ぐ一方、状況も環境もそれぞれに異なり、その反応も多様であることを踏まえ、避難の経験を形づくる歴史的、政治的、社会的、心理的な力をもっと包括的に評価する必要がある。

私たちは、人間が庇護を求める権利をもつことを改めて確認し、難民認定の審査手続きを規定通り、迅速、公平に、尊厳をもって取り扱う方法を開発することを急務としている。

現在、難民であったり、かつて難民であった多くの人々は、拷問、レイプ、脅迫、武力攻撃、友人や家族との離別や、死を目撃したために、明らかに深い傷を負っている。多くの難民は暴力や、人々の想像を超えた喪失感をかかえているが、しかし難民ならこうだと一般化し、その心理状態を仮定してはならない。「難民性」の一般化については、注意が必要である。

第4章　当事者視点を軸に、いかに視野を広げて考えるか

論点㉖　難民は安全保障上の脅威なのか?

安全保障上の懸念が、難民・移民政策での新たな課題となっている。安全保障は国家の移住政策の背後で支配的な力となっており、人の移動の理解にあたっては、経験的および理論的なレベルの双方で、安全保障の概念を考えねばならない［小泉 2022］。

しかし移住の問題は今日まで、従来の伝統的な国家安全保障と同じレベルで注目されてはこなかった。

冷戦中、国家を唯一の重要な行為者と見る伝統的な国際政治学では、安全保障は軍事的な問題として重視されてきた。一方、不規則移動への関心、とくにテロリストの移動への関心は高まったものの、国際安全保障の諸問題のなかで占める移住問題の地位は、今なお高くない。これは一般に移住は深刻な安全保障上のリスクにはならず、ただ経済的な利害の問題であると見られることによる。

移住と安全保障については、包括的な特別の条約や、一連の規則は存在していない。にもかかわらず安全保障は、移民や難民の権利を定義する条約や、彼らに課す国家の義務をふくめた、すべての国際法に関係する。国内治安への懸念が、移民・難民の義務への関与の度合いを強める形に変化してきている。

難民条約には、生命や自由が脅かされかねない人々の追放・送還を禁じるノン・ルフールマン原則があるが、その行為が重大な犯罪と宣告され、その国の社会にとって害をおよぼす危険がある場合は、難民として認められない。というのも、国家の安全保障はどの国でも優先順位が最も高いからだ。一方、拷問等禁止条約（the UN Convention against Torture and Other Cruel, Inhuman or Degrading Treatment）は加入国に対して、拷問の危険性ありと思われる国へ追放したり、送り返したり、引き渡したりすることを禁じている［*ibid.*］。

移住と安全保障を、「人種主義」につなげて論じる見方もある。それによれば、人の移動の自由は昨今ではほぼなくなり、代わりに、リスクと安全保障という強力な言葉が世界を自由に飛び回っている。移住現象に苛立つ人は、移民を新しい安全保障の言説に結びつける傾向がある。「移住の安全保障化」（the securitization of migration）である。この言説は、人種主義の最も新しい形である［Martin 2014］。

「安全の意味」は一面的ではない

安全保障の意味は、移住が起こる状況次第で大きく変化する。たとえば、自然災害その他の緊急事態の発生に伴う人々の急激な移動においては一般に、よりゆるやかな労働移住よりも、安全保障上のリスクが高いように見える。問題はとくに、避難の目的地とされた国の当局において、人の流入を制御する準備が整わないときに起こる。

小船で到着する人々のように、はっきりと目に見える移民・難民の場合は、たとえ総数が少なくとも、陸路や空路で到着する大勢の移民たちよりも脅威に感じられる。検査なしに小船でやってきて入国するこれらの移民・難民は、旅行理由や身元照合の後に法的手続きを規則通りに踏んで入国する人々よりも、不信感を買いやすいのである。

実際、ビザ制度を悪用して、文書の偽造などの不正手段を使って入国許可を取得した例もある。また超過滞在には数多くの事例があり、偏見も助長しがちである。たとえばアメリカでは、貧しい国イエメンから来た人は、ビザ期限を過ぎて居住する超過滞在のリスクが高い人々だと考えられている。反対に、サウジアラビアからのビザ申請者の場合は、同国はアメリカとの間に多くの経済関係があり外交関係をもつ裕福な国であるため、入国に際しては優遇されがちである［*ibid.*］。

その他、組織的な犯罪ネットワークが移民の流入にどの程度関与しているかや、移民がギャングをふくめた組織犯罪にどの程度関与しているかが、現実の脅威および移民の印象に影響する要因となる。

また移住者の受け入れにおいて、移民・難民に目的地とされる国だけが、安全保障上の影響を受けるわけではない。原因国も通過国もまた、影響を受ける。危機発生の際の移民労働者の追放や退避は、彼らからの送金に大きく依存する国に打撃を与えるかもしれない。これらの国々では、事態の収束後に仮に移民が戻ったとしても、経済が貧弱なため、準備が整わず人々を社会に再統合できない。

一方で、人の密輸には原因国、通過国、目的国の政府官吏の共犯関係が見られるという点も事実である。そうした収賄汚職は、この分野での法律ばかりでなく、他分野の規則をも損なっている。

原因国はまた、高等教育人材の重大な流出によって損失を経験し、残された人々への経済、医療、教育の保障の面で、一層の困難をかかえることになる。受け入れ国からの送金は損失のいくらかを埋め合わせるかもしれないが、原因国は人材の流失を通じた状況悪化を補おうとして、さらに移民の流出を招く悪循環に陥るかもしれない。

このようにして移住は、送り出し国の社会や受け入れ国の社会の状況により、安全保障上の脅威となりうる。移住の原因と影響を理解するうえで、安全保障への着目は、政治経済を見るのと同じくらい確かに重要である。ただし頭に入れておかねばならないことは、「安全」の意味は一面的ではないことである。

高まる「旅行の安全保障化」の試み

安全保障の言説が外国人嫌いの感情を育むのを抑えながら、国家が効果的な移住政策を計画し実行する能力をもつなら、国際移住の流れが進むことは国家の力を減じたり国家に妥協を迫るのではなく、逆にその力を高めることになる。移民は目的国の安全保障を強化しうる新しい考え、技術、専門知識をもたらすことになるからである。

このグローバル化の時代に、仕事での旅行や観光への無駄な障害を取り去ることは、不規則移民や難民への対応とあわせ、国家にとって中心的な課題となっている。というのも、旅行の促進と安全管理の適切なバランスを見つけることはきわめて難しいからである。

移住と安全保障をめぐる相互関係では、政府には三つのアプローチの検討が必要となっている。①安全への脅威となる人々が、国境を越えた活動を実行できないようにするための協力の仕方。②合法的で有益な国際協力を阻害することなく、任務を達成する方法。③そのプロセスのなかで、個人の権利やプライバシー保護を確保する方法、である。

国家による人権侵害から個人を保護するためには、プライバシーや権利を尊重しなければならないが、安全保障は公共善の観点から、いくらかの例外措置を必要としている。これらの利害間の適切なバランスを保つため、その優先度や原則を決定することが国際組織の役割である［Martin 2014］。その際、安全保障の意味は、次の三つの主要なグループの間で大きく異なってくる［*ibid.*］。

最初のグループは、難民である。つまり、迫害、紛争、政治的な不安定等の直接的な危険の結果として苦境に陥り、国境を越えた人々である。

次は、不規則移民（不法移民）である。彼らは目的国の許可なしに、入国をはかる人々である。そのうちのかなりの割合は、業者による援助を受けている。

第三は、移民とは言えない、移動途中の人々である。彼らは短期間でさえ、当該の国に定住しようとはしない商用の旅行者、学生、一般旅行者である。彼らはテロリストや犯罪者と同じ正規のルートを使うため、安全保障の懸念の対象となってくる。

安全保障との関連でとくに重要なのは、二番目の不規則移動（不法移動）の管理である。国民や政治家は、管理された正規の移動ルート以外で国境を越えてくる人々に大きな懸念を抱いている。また三番目の移動途中の人々も近年、大きな注目を集めている。現在、整備されつつある「旅行の安全保障化」は、不法移民を見つけ、審査し、排除する試みである。

一九八〇年代以降の「南北移住」への懸念と、そしてアメリカでの九・一一後のテロの脅威、旅行に関する危機感の高まりが結合し、「旅行の安全保障化」につながった。アメリカは国際旅行を管理し規制する取り組みを始め、それに従って、新しい政策立案、技術開発、協力への合意が「北」の国々の間でなされた。

その結果、航空機への罰則規定、二国間の複雑なビザ制度の改定、送り返しのための再入国への合意、勾留許可、空港で入国前にチェックを行う国際ゾーンの設置、生体認証データの活用が、旅行を規制するための共通の方策としてとられるようになった。

国家の出入国政策が焦点

「旅行の安全保障化」に北の国々が焦点をあわせると、これらの懸念を払拭しようとする上記のような取り組みが、南での難民保護の支援に寄与するかもしれない、という期待が生まれた［Betts 2010］。旅行制度の改変は庇護協力の実質的な減少を伴うが、これを受け入れの負担分担とつなげられれば南北の協力関係を生み出し、新しい局面が開けるかもしれないという狙いもあった。

南はこの連携を通じて交渉力を強化し、交渉の立場を高められるかもしれない。移住分野での国際協力に関する新しい仕組みの多くは、南北の不規則移動の対策とつながっている。これに関連して、「地域協議プロセス」（Regional Consultative Processes, RCPs）と呼ばれる、非公式の地域内・地域間の政府ネットワークも現れている。

かつてUNHCRは、国々による他分野もふくめた広範な各国の多分野に拡がる関心を、「難民保護への関与」に引き戻そうと試みたことがある。北の国々の中心的な関心が移住と安全保障に向いていると認識したUNHCRは、それを難民の問題に結びつけることで、機関本来の難民保護の原則に国々を引き戻そうとしたのである。

しかし、これらの関連づけがつねに成功するとは限らない。北の国々は、国際的な難民制度へのさらなる関与によって自分たちの安全保障と移住への関心が満たされる、とは必ずしも受け取らなかった。

問題は、各国の関心が移住制度に移るなかで、その関心を難民制度へ引き戻そうとするＵＮＨＣＲの戦略が、各国の方針と潜在的に矛盾し、かつそれが歴史的に正当性の基礎であった難民保護と、解決への中心をなしていた委任事項を崩す怖れさえあったことである［*ibid.*］。

国内的安定の必要と国際安全保障の懸念を踏まえ、国家の出入国の政策に焦点をあわせた国際移住の研究が必要になっている。そうした学問的な枠組みにおいては、難民をふくめた国際的な人口流出と移住を国家内の政治変化の要因として分析するとともに、その政治変化を移住の主要因として考えることにもなる。

移住と安全保障の相関関係は、上記のように複雑である。移住は経済的、政治的、社会的不安定の結果だが、それはまた国を不安定化させる要因でもあるのだ。

伝統的に安全保障は、国家間の観点からのみ検討されてきた。相互関係の概念化の際には、国益に沿って判断がなされるのが、つねである。国益には地政学的安全、物質的富の生産と蓄積、社会的安定と結束、の三つの次元がある。これら三つの要因すべてが、移住政策の形成の理解においても重要とされてきた。

しかし、経験的事実が示すのは、軍事的安全保障上の利益は一般に想定されるほど移住政策を左右するわけではないことである。社会的な安全性や経済的な利益が、国家のバランスを保つものとして強力に働くことがある。それは軍事のみならず物質的富と経済的安全保障を極大化するように作用する経済的力と、市民を守り、社会の統合を維持し、社会契約を保とうとする政治的力の間にも、政府の役割が置かれているためである。

論点㉗　移住を阻止するための開発援助の是非

難民制度は原因国、通過国、目的国のグローバル化と相互に関係しているが、とくに開発と安全保障の点からは、どのように影響されているのだろうか。今や国家は難民制度に関して、難民保護に直接、間接に影響力をもつ多分野の制度に協力する形でかかわるようになっている。

途上国政府のなかには、先に論点14で見たように、先進国への移住圧力を減らすために、援助と引き換えに先進国による難民受け入れの負担を肩代わりすると主張しているところもある。しかし、一般に多くの送り出し国は、難民に対して無関心であるか傍観したままである。それどころか、移民の送り出しが国内の労働問題解決に寄与したり、政治的安全弁として役立つこと、また送金による外貨獲得の貴重な手段になることを強調し、海外への移住を活発に奨励し続けている例も見られる。

このようにして地域内の国々は、共同政策を通じて域内の雇用、所得分配、人口傾向に働きかけ、移住の動向に影響を与えようとしてきた。しかし、無秩序な移住への圧力を減らすべく、マクロ経済的な地域政策を通じて送り出し国に適切な移住の大きさ・程度を勧めるやり方は、ほとんどの場合、成功していない［Ghosh 2000-a］。

一九九一年以降、G7とEC／EUはサミットで、移住圧力の高まりに対して、繰り返し懸念を示してきた。そこでは、多くの途上国地域で出国圧力が明らかに高まったが、その原因は相互に関連するいくつかの要因にあるとされた。たとえば、広範な貧困と失業、相対的な欠乏感、国内での所得や職業機会の分野で増え続ける格差、人権侵害、増加する内戦、急速な環境悪化があった。そしてさらに、農村から都市への無計画な移動が頻繁に起こり、これらのプロセスに拍車をかけているというのが、先進国の主張であった［*ibid.*］。これらすべてのプッシュ要因が関係したわけではないと思われるが、その背後には絶えることのない人口爆発が確かに大きくそびえていた。

実際、過去には大半の移住は隣国への移動に限られていた。そしてその大半は、公の統計には現れなかった。しかし今日、移民密輸業者が多くの国にネットワークをもち、情勢を見て即座に行く先を変えられるようになったこともあって、人々ははるかに遠くまで移動することができるようになった。

一九九〇年代の初め、主要な先進国では庇護申請の数が劇的に上昇していた。これらの国々は厳しい入国措置をとり、庇護法制を制限的に解釈して、申請数を劇的に減らした。しかし西欧への移住圧力は、その後も続いた。不規則移住（不法移住）の摘発数の急激な上昇は、庇護申請数の下降と連動していた。彼らは単に、入国経路を不法なものに変えただけだったのだ。法的に排除をしても、正規の移住が不法移住に代わるだけだったことがわかる。

移住ニーズを減らす国際協力への動き

ところで近年、国際機関、政府機関や政府間フォーラムは、「移住と開発」にかかわる政策を頻繁に立案している。とくに送金制度と送金の使途について、それらの機関では大きな関心がはらわれている。政策立案者は国境を越えたつながりを認め、移民の一時的帰国や通信機器を使った（仮想の）帰国を通じ、専門的な頭脳の回帰を進めて、頭脳流出の方向性を逆転しようとする政策をつくっている［Vertovec 2007］。

このような、送り出し国に対する開発援助は、移住を意図的に阻止する戦略と見られている。ただし、それがうまく働く根拠はほとんどない。それどころか、短期的には逆の事態が発生している［Richmond 1994］。

開発が国内で進めば人々の向上心が高まり、旅行手段が手に入るようになる。トランスナショナリズムは二ヵ国か、それ以上の国々による強い結びつきを移民に生じさせる。技術革新は移住を支えるだけでなく、人々の一層の協力もまた必要とする。通信、情報、運輸は社会のあり方を変え、旅行や遠距離通信を以前よりも、はるかに安く簡便にしている。

国家や国連のような組織による、上記のような実践的なアプローチに通底する特徴としては、国の安全保障と主権の維持がある。難民保護を促進するうえでは、制度の規範をめぐる課題の克服、阻害要因の分析、国家の主権と国益の問題の検討が必要である。

ＵＮＨＣＲが主導してきた難民制度は元来、庇護の供与を通じて、国家の二つの目的をかなえることをめざしてきた。一つは国を離れることを強制された人々が入国した際に、国民国家体制のなかで国民に安全を保障すること、そしてもう一つは国家が一連の自由な価値を維持しながら人道目的の役割を果たすことだった。

庇護の供与は個々の国に費用と負担を課すが、それは制度があることで集団的な相互利益となる。この論理が各国に難民条約への批准を受け入れさせ、ノン・ルフールマン原則を遵守させている。

しかし制度の創設以来、庇護を与える国家による費用への懸念は、一層高まった。南北間の移住が増え続け、移住と安全保障の関係で国家の懸念が増した。それゆえ北の多くの国々は、公然と難民条約を破ることは避けつつも、「到着時の庇護申請」(spontaneous arrival asylum) への関与を極小化したいと考えている。

そのために北の国々が必要としたのが、原因国との「国際協力」である。それは庇護予備軍が自国領内に近づくことを防ぐため、他国と調整して、彼らが北の国々に向かって移動する基本的ニーズを減らす方策をとることを意味していた。

援助は万能薬ではなく触媒

実際、地政学および安全保障の観点からは、人の国際移動は憂慮すべき問題としてのみ見られがちである。貿易や経済成長のためには国際移動が必要だが、テロの時代に経済促進と安全保障という競合する利害のバランスをとることは、すべての国に共通する課題となっている。安全への脅威となる人の移動を防ぐための情報共有と、他方で国際移動の正当な形の維持が求められる。

しかし、出身国の地域内に人の移動を留めることは難しい。ある国の特定の移民集団という限定を設けて出国圧力を抑えるのは不可能である。

多くの研究によれば、無秩序な大規模移動という極端な事例を除けば、移住コストの大半は人々が考え信じるほど大きくはない。むしろ、狭い利害に基づく政治宣伝によって助長された偏見や思いこみの方が、移住に対し否定的な影響を与えている。

したがって、移住圧力は減らすべきだという一般的な前提には疑問符がつく。地理的な位置関係、情報への接近の度合い、政治的もしくは歴史的、とくに植民地的なつながり、その他多くの要因が、人の移動には明らかに関係している。受け入れる先進国側の経済戦略がたとえ正しくとも、送り出し国の経済成長それ自体が移住圧力を弱めることには必ずしもならない。

移住にはきわめて長い歴史があり、何世紀もの間、経済的、社会的なダイナミズムの源となってきた。移住の流れに逆らうという困難な目的に努力を集中するよりも、むしろ、よりニーズが集約され、十分に調整された援助の供与が望まれる。先進国による開発援助の資金が限られているならば、より控えめな目標こそが現実的である。

すべての現実的な目的のための最も適切な仮定は、各国間の格差や違いは移住を動機づけること、また送り出し国のみならず目的国での開発もまた海外への移動を要求することである。すなわち貧しい国が発展すればするほど、その国の市民は国内的にも国際的にも自力で移動する傾向があり、その移動に際しては、より金銭を投じうるようになる。

もちろん移動は、それ自体が問題なのではない。問題なのは、移動する人々をどの程度まで目的国で吸収できるか、である。ポイントは、元より開発援助は、すべての「難民問題」の万能薬ではないことである。

あえて誤解を怖れずに言えば、一般に開発援助は、第三世界の虚弱な経済に対して、わずかな影響力をもつにすぎない。もし状況を変えたいと思うなら、包括的で長期的な戦略――たとえば、貿易上の改善措置、開発援助の増額、債務救済――が緊急に必要だと考えられる。そして、それらがもし移動の問題への対応をふくむ、より広い諸々の手段の連鎖の一部として正当に認識されるなら、援助は「触媒」として働くかもしれない。

論点㉘ 「難民問題」ではなく、難民の問題を考える

難民について話したり考えたりするとき、私たちはすぐにUNHCRやNGOを思い浮かべ、その視点から事象を見るということを、何ら疑問をもつことなく容易に受け入れている。

人を救うという緊急事態ゆえに、マス・メディアでは悲劇的な報道がなされることもあって、ともすれば援助側の行動や方法、その考え方が私たちにとっての主流となりがちである。その結果、援助が迅速かつ効率的・効果的に行われることのみに関心が集中し、ある意味で誤った見方にとらわれる。

私たちはその際、肝心の難民自身を忘れている。私たちは、彼ら難民の感情、考えを無視し、彼らが私たちと同じ能力をもった人間であり、自分自身を助け、生活の向上を望む、一個の人格であることを忘れてしまっている。

メディアが与える難民のイメージがもつ情緒的な強烈さには、それ固有の「問題性」がある［Harrell-Bond 1986］。イメージは、「難民」の孤立無援の状況や他者に依存し支援を必要とし続ける人物像といった、いわば弱点（一過性の問題にすぎないのに）を強調することで、

彼ら難民自身のもつ「自助・共助の力」や「庇護社会に貢献する力」「潜在的生産性」「可能性」をおおい隠してしまうのである。

その結果、援助を行う国家、国際機関・組織やＮＧＯが、ともすれば、彼らの事業や対象となる人々に対して先入観をもち、難民の能力、意見の尊重や資源の利用に消極的になってしまう点が問題である。これはある意味で、難民援助の「制度的イデオロギー」の一つの属性である。

たとえばインドでは、同政府の復興局、情報局、警察、中間官吏が「回復・復興」という名目のもとに、亡命チベット人の定住地と彼らの活動を監視し続けた。この政策の口実とされたのは、難民は自分たちのことを決めることができないという主張であった［de Voe 1981］。

難民たちは、異国への流入直後は茫然自失の状態になりがちである。どうしたらよいかわからず、また自分たちの生活について他者に依存するしかない状況であれば、援助側の「独裁的な父権主義」は確かに難民にとって必要なばかりか、利益をもたらすかもしれない。逆境において、普通なら好ましくない性質を生み出す集団的な支援措置さえも、人々に心理的な安心感を与え、存在価値をもつであろう。

だが、そうした状況がいつまでも続くわけではない。当のチベット人たちは、彼らが「自分の足で立つまで、自らの主人になることはできない」とインド側からいわれた［*ibid.*］。

彼ら難民は日々の生活や生計を受け入れ国政府や国際機関やNGOに依存するために、個人的な力や彼らの亡命社会の力を獲得する機会をもてなかった。

実際の援助の場面では、難民側には明らかに、「難民」というラベルを貼られたことによる弱さが生じる。最も重要なことは、それが悲惨で異常な環境のなかで急に起こることである。

受け入れ国の制度のなかに勝手に組み入れられたという感覚、押しつけに基づいてつくられるアイデンティティと、ニーズが規定された援助計画により、難民は著しく弱い立場に置かれる。それでなくとも、人が家を失うことは、自分のアイデンティティと自己を制御する感覚の一部を失うことである。その喪失が暴力的な事態を伴ったとき、情緒的傷害は絶大なものとなる。

援助計画に潜む「管理のイデオロギー」

この混乱のなかで、難民が矛盾を感じつつも事態に不満を述べないのは、驚くべきことではない。人道援助という文脈のなかで、援助側が用意する一群のセットは、全体として強力な整合性をもっている。援助行為は正当性を主張し、難民による自発的な参加、援助者への慈善や博愛を求めるものとなっているからである。

難民が援助という制度により、援助制度向きの「新しいアイデンティティ」を形成するのは、まさにこのプロセスを通じてである。こうした際に彼らが得た意識を「難民意識」とよぶ。この意識は援助を受ける生活のなかでつくり上げられ、他人と自己の関係性を通じて、社会的、政治的な意味をもつようになる［小泉 2005］。

もし私たちが、難民は依存的で利己的な要求を繰り返す人々だから（部分的であれ）自立心の欠如を非難されるべきだという、半ば定型化した援助の「知恵」を猜疑心によって認めてしまうなら、自発的な「難民参加」の必要性という考え方は、確かに早合点となる。

しかし、こうした文脈での難民参加という用語の使用は不適切である。というのも、難民が問題をつくり出しているので、それをなくすことについては難民自身に責任があると、誤って誇張しているからである。それはまた、援助制度がそれ自体で問題をつくり出し持続させるために、より強力な役割を担っている点を軽んじているためである。

そのことはまた、難民への援助を進めるうえで、不必要な障害物をつくり出している。ここには、難民のケアと保護の面で制度化された「慈善型アプローチ」に関連する問題がふくまれている。援助計画のなかに潜む、「管理のイデオロギー」という問題である。

したがって問題の源は、ある種の「依存」を余儀なくされている難民の心の中にあるのではなく、むしろ今日存在するようなシステムをつくり出した先進国の人々の心の中にあるる。解決の責任は主に、難民の援助事業に長らくかかわり続けてきた人々にこそあるのだ［Clark 1985］。その人々とは、主要なドナー国、ＵＮＨＣＲ、他の国際機関、ＮＧＯの人々である。

難民の側に問題を見出そうとする考え方は過ちにつながり、状況を悪化させ自己持続的な悪循環に陥りがちである。なぜなら難民個人は、援助への受け身の反応者として、問題を解消する役割を自分の中に見るようにさせられるからだ。それはまた難民と、彼らを助けるべく働く人々の関係を不必要に害し、本質的な犠牲者を非難してしまうことになる。

難民自身の声の発信

以上のような状況は、「難民」というラベルによるアイデンティティが、当事者に受け入れられない方法で形成され、変形されていることを意味している。

難民に共通する、ある種の自己否定的な振る舞いは、人々が難民キャンプのような場所に社会的、心理的に閉じられ、管理された空間と秩序の下に置かれることで学習され、自発的に発展させられる。難民は政策のジレンマを被り、必然的に他者への「依存」と「差異化」を自ら産出し続ける。

戦火などからの生存者が難民意識をもつとき、彼らは自分自身のためだけでなく、他者のためにも難民となる。援助側によりつくられる制度の小宇宙は、相互作用の当然の帰結として、彼ら援助者自身の内面にも影響する。

援助側のスタッフもまた、これらの生存者を庇護対象としてのみ否定的に扱うか、それとも戦争という状況が、いつ誰にでも到来しうることであると、自分事として考えるかの選択を迫られる。この意味で、両者はともに課せられた構造の犠牲者である。

難民の緊急事態が非常に政治的で、不確かで、複雑で、緊張度を増すなかで、難民援助に関係するＮＧＯ、国際機関や政府は、日夜、活動を強いられている。そのなかで、真に助けを必要とする人々の要求に合致した活動を行うことこそ、最も重要である。

難民援助にかかわる官僚制度が難民に対し行使する力と管理がおよぼす影響力の度合いは、他の官僚制度の場合より、はるかに広範で深いことが知られている。こうした状況を受け、近年では、難民自身がウェブで自分たちの声を発信している。また、翻訳が必要な難民・移民に対し、即座に匿名のままで、世界中のどこでも、いつでも、ボランティアで翻訳を提供するサービスがある。難民制度の諸問題を是正するための試みが世界各所で始められていることにも注目したい。

論点㉙　難民キャンプは、技能オリンピックにして争いの場

事態の主な行為者であるべき難民が忘れ去られ、援助側の機関・組織ばかりが話題の中心となる。こうしたことはなぜ起こるのだろうか。筆者自身の経験も交えながら考えてみたい。

第一に、難民援助機関・組織は難民の実態を人々に伝える立場にあるが、その活動は、極度の災禍と飢餓を映すマス・メディアの報道に敏感に反応する私たち大衆に依存している。寄せられる支援金の多寡は、緊急事態が発生したとき、マス・メディアが報道によってつくり出される難民のイメージによって決まる［Harrell-Bond 1986］。

現在、マス・メディアがつくる難民の「イメージ」は資金調達のうえで重要な役割を果たしているため、報道が正しく実態を反映し、情報量も十分でなければ、援助機関・組織に及ぼす弊害は無視しえないレベルとなる。

第二に、各救援組織は資金を求めて厳しい競争を行っている。どんな機関も、いつ実施されるともしれない援助活動のために特別予算を組んで、緊急事態につねに備えているわけではない。UNHCRでさえ、難民救援の緊急計画では各国の政府、各国際機関や民間組織に資金要請をせねばならない立場にある。そうした状況下では、とりわけNGO間の競争は激化しがちである。

かつて私は北米で、インドシナ難民の定住調査をしたことがある。その際、私が見たのは、難民への福祉サービス、語学教育や職業訓練の契約をとるための厳しい入札競争だった。

元インドシナ難民の一人がNGOを評して、私に語った言葉がある。「これは、企業だよ。企業活動だよ」。NGOには、善意はともあれ「NGO産業」があるということである。そしてすべての組織・団体は、市場で資金を求めて、互いに激しく競い合っている。

ＮＧＯは、民間の人々からの寄付金、財団からの寄付金、そしてＵＮＨＣＲからの資金に依存している。ＵＮＨＣＲ自体は援助現場での実施機関ではなく、援助の計画機関であり、通常は計画の実施にあたって、実際の業務は民間団体に委託している。ＵＮＨＣＲを通じて支出される各国政府の難民援助の金額が大きいほど、現場で「実施パートナー」としての契約をめざすＮＧＯ間の競争は熾烈になる。

ついでに言えば、この契約は、つねに市場での競争のみを通じて得られるものではなく、ＵＮＨＣＲ本部があるスイス・ジュネーヴで、その団体がロビー活動を通じて、どれだけ多くの影響力をＵＮＨＣＲにおよぼすことができるかにかかっている、という声もある。

ただし以上のことは、欧米のＮＧＯについてとくに顕著に見られることで、必ずしも日本のＮＧＯに該当するわけではない。だが、基本的な課題は似たものがある。

難民救援機関・組織は総じて、活動資金を求めて「その日暮らし」の状況にある。その結果、機関・組織同士は激しい競争状態となり、そのなかに個々が募金活動を効率的、効果的にするために、「難民」のイメージを「一括り」にして「囲い込み」、「より売れる〝商品〟」として売り出すことが、戦略的な手段の一つになる。

「短期の緊急難民援助計画においては、人道機関・組織は資金を入手するため、拘束衣を着せられている」と、ハレルボンド（Barbara Harrell-Bond, 英オックスフォード大学）が述べる所以である。

こうした問題があるために、NGO側には、政府資金や国連資金のような公的資金への依存を安易に深めることは、難民の実態や真実に目をつぶり、援助を実施するうえで主体性を損なうことになりかねない、との危惧も語られている。

私がベトナム難民の援助のためタイのキャンプで働いていた一九八〇年代初め、多数のカンボジア難民がタイ国内に流れ込んだ。彼らを収容するために、急造の難民キャンプがいくつも設置され、欧米を中心に膨大な数の民間ボランティア団体がキャンプに殺到した。キャンプ自体は「一時的な性格」をもつものでしかなかったにもかかわらず、キャンプ内にはボランティア団体が運営する、たくさんの施設やセンターができあがった。幼児用の補完食援助から、伝統的な機織りを行うための施設や、将来のカンボジア帰国を見据えた稲作のための育種改良センター、良質の牛馬等の家畜を育てる改良種センターの運営まで、ありとあらゆる活動が活発に行われ、さながら技能オリンピックの観があった。

先にキャンプに入った団体は、自分たちの活動分野と場所を確保して後から活動に入ろうとする団体を入れまいとしたため、縄張り争いが厳しかった。テレビなどのマスコミ報道で、世界中からたくさんの医師や看護婦がボランティアでやってきた。しかし人数が過剰すぎて、彼らのうちの一部は、何もすることがなかった。

日本からの団体もほぼ初めて難民キャンプで活動し、日本では「ボランティア活動の元年」と評された。その後も南アジアそしてアフリカや中東と、難民の発生は連綿と続いているが、単に無力な難民のイメージを流布し続けるだけでは、やがては世の人々に飽きられ、「援助疲れ」を引き起こす怖れがある。

論点㉚ 援助活動と研究の違いと補完性

「難民」の語で呼び起こされる原初的なイメージを改めて書くなら、暴力の犠牲者であり、悲惨で、不当な受難や、あらゆる物の喪失を経験し、それゆえ物的・精神的支援を受けるべき人々ということになる。

より具体的には、沈黙した母親と不安げな子ども、あるいはマス・メディアの映像に象徴的なように、頭上に荷物をのせ、道路をただ黙々と歩いていくアフリカの困窮した人々のようなイメージを抱く人が多いであろう。彼らは二、三の乏しい所有物はもつとはいえ、その他のほとんど（財産も、地位も、時には肉親さえも）を失っている。物質的にも精神的にも拠りどころがないために、他者からの直接の援助と保護を必要としている。

しかし、この最初のイメージがもたらす強烈な情感は、固有の問題を生み出している［Harrell-Bond 1986］。すなわち、この第一のイメージが、実務家のために役立つことは明白である。実務家とは、国際、国内の各援助機関・組織の関係者、政策立案者、行政担当者、活動家、NGO（民間ボランティア団体）などを指す。

なぜならこうしたイメージは、私たちに「人」のあるべき姿を喚起し、道徳は国境を越えて普遍的だと考えさせ、人間として私たちが失ってはならない重要な価値に訴えかけてくるからである。こうしたイメージは、彼らを保護し、援助を与えねばならないという欲求を私たちに呼び起こさせることで、実務家のニーズに応えるものとなる。

「難民」というラベルは元来、法的・行政的用語であったが今や情感的な重さを負い、それが強力なシンボルとして人道的なイメージを美しくまとうことで、認識上も感情的にも著しい反応を人々に呼び起こすものとなっている。英オックスフォード大学のゼッター（Roger Zetter）らによれば、この用語はそのため、難民の地位とニーズを簡約して私たちに示すどころか、逆に複雑な意味をもってしまっている。

とはいえ実務家は、ある人々を「難民」と呼ぶことで、一般の人々からの資金や他からの助けを得たり、より多くの援助を「難民」に与えられる。そのようにして彼らは、国境で人（庇護申請者）が追放される代わりに、受け入れ・定住への道が開かれるようにし、環境を破壊する木材伐採業者の行動やダム工事をストップさせ、あるいはまた、人々に立ち退き補償が支払われるようにすることができる［小泉 1998］。

つまり実務家の仕事とは、イメージを利用しつつも具体的な成果を生み出すことである。これが重要な役割であることは疑いがない。活動の状況から、UNHCRもNGOのような実務を担っているともいわれる。しかしUNHCR、そして多くのNGOには、自分たちの活動のために十分な調査を行う資金も時間的な余裕もない。代わりに研究者が足りない部分を調査し、知らせてくれることを望んでいる。

UNHCRや多くのNGOが限られた研究予算しかもたないなかで、彼らの研究を援助するために、主だった欧米の財団（たとえば、アンドルー・メロン財団）が、短期調査のために研究者に比較的少額の資金を拠出している。

一方、研究者の仕事は、実務家とは一義的には違った役割をもっている。研究者は「難民」というラベルを検討し明らかにする立場から、今使われている概念の実情とそのプロセスを分析解明し、それらのもつ意味を明らかにする必要がある。

研究者は分析の後、事態の解明を容易にする新たな概念を打ち立てることが仕事である。援助を単なる「その場しのぎ」のものから、包括的で体系的、科学的、専門的な人道援助に移行させようとするなら、実践の基礎となる研究を奨励し、支援せねばならない。これは研究者側にとっても、より実りのある影響を政策に与える大きな機会となりうるし、調査自体をより良いものとする契機ともなる。研究活動を政策立案と援助の実践に注ぎ込むことで、学問的貢献の度合いを高めることにもつながるだろう［*ibid.*］。

研究者は、得られた成果を実務家に伝えることで、実務家の切実な要求に応え、実践上の不十分な点を補うことができる。両者は互いに協力し合い、援助を改善するうえで、補完的な関係を築くことができる。

論点㉛　多くの難民調査に欠けているもの

現在まで、難民調査の多くはサンプル調査か、民族学的調査に基づいてきた。後者はしばしば、特定の難民グループが生み出される特定の状況を示す二、三の事例研究からなっている。難民はいつも、突然の政治的・軍事的出来事の結果として現れるので、調査は通常、偏向したサンプルに基づき、大急ぎでなされる。そのため報告書は不完全なものとなり、多くの疑問が残る結論が導き出されやすい、といわれる。

調査者は「集団」を対象とする難民の研究において、そうした困難や限界をあらかじめ認めてしまうことで、失敗を擁護する傾向があった。他方で、失敗の原因や、その結果がもたらす調査それ自体の値打ち、難民計画が実施される方法、制定された法律については、吟味しない傾向がある。

戦後、欧州から膨大な数の難民が流入したアメリカでも、それ以降何十年もの間、難民や避難民の審査と定住方法には、重要な変化がほとんどなかった。定住の分野の研究は比較的進んでいるが、資料・文献の数が多いアメリカですら、難民調査については孤立した形で実施され、報告書の中身も意外とぞんざいであり、非体系的で、あまつさえ散在しているといわれる［小泉 1998］。

研究と称して、難民が体験した事実をわずかばかり記述したり、彼らがたどる定住に向けての一般的プロセスに関心を寄せたりするだけでは、あまりに表面的すぎる。そのような研究では、異なった種類の人々がどのようにプロセスを経験し、そしてそれが個々人にとって何を意味するかについて何も語れない。

たとえばアメリカにインドシナ難民が到着した際には、国内の「難民法」について密度の濃い論議が公に引き起こされた。難民の突然の激増を受け、各種のシンポジウム、ワークショップが開かれ、調査リポートが書かれ、また莫大な必要がかかる「国内移動監視制度」も導入された。

しかしこうしたなかで、その難民たちのアメリカ国内での移動の原因や目的を明らかにし、調べ、論じることは、ほとんどなかったように見える。それよりもむしろ、アメリカ国内での彼らの「第二次移動」をいかにして止めるかのような視点が中心的であった［*ibid.*］。

回避される文化的差異の問題

多くの難民調査が「文化的適応」の問題を回避していたことは、調査本来の目的と機能を損なってしまっているように見える。定住のプロセスには、たくさんの要因が影響する。これらの諸要因は、難民に与えられるサービスや支援をもふくんでいる。

文化的適応においては、個人は肉体的・心理的に健康であるか、出身地が都市か農村か、知性知識の度合いはどれほどか、地域住民の感情はどのようなもので、敵意はもたれていないか、職が得られるかどうか、自国文化を共有する人々がすでに居住し互恵的な自助支援グループを形成しているか、難民は「伝統的難民」（白人たとえば東欧出身の難民）か、それとも「新難民」（アジア、アフリカ、中東からの難民）かといった問題群がある。

難民の置かれた状況は複雑であり、つねに変化している。「難民」は、均一のカテゴリーではない。彼らのグループ間で、そしてグループの中でさえも、「経験」の仕方は様々である。

たとえばアメリカでは、インドシナ難民の流入当時、流入の規模がインドシナ三国からの民族的なグループ間で異なり、なかでも都市的な背景を欠くラオス山地民難民が定住のうえで特異な特徴をもつことは、メディアや政策立案者に十分に認識されていなかったし、予想されてもいなかった。

インドシナ難民の定住で示されたアメリカの経験は、以下のようなものであった。すなわち、アメリカはまず、難民を国内で分散させる策を通じて、新移民グループの迅速な同化を図ろうとした。しかしこの試みは、社会的、文化的に根深い適応の問題でつまずき、難民グループは同政府の同化戦略と、従来、アメリカが一般にとってきた典型的な適応戦略（多くは、西欧人や東欧人を想定）とのはざまに、特有の形で落ち込んでしまったように思われる。

こうした同化政策の失敗に、関連した難民調査の問題は深い影響を与えている。近年は世界的に見て、おびただしい量の難民研究が出てきたが、それにもかかわらず、報告書の多くはその価値を疑われている。

研究の多くがなおも、統計的にまったく意味のない規模のサンプルと、初歩的なデータ分析技法に基づいているという批判がある。多くの研究が断片的で、不完全で、かなり表面的で、偏っているとされている。多くの論文は、受け入れ国での難民の定住計画にのみ焦点をあわせており、震源地である難民発生地域での難民の状況への関心はほとんどない。たとえば、一九七〇年代末のアフガニスタンへの旧ソ連の侵入以降、同地域への学者の関心は大きく高まったが、パキスタン、イラン、インドに滞在する亡命アフガニスタン人の経験の理解に資する研究は、ほとんどなかった。パレスチナ難民の歴史と経験の問題は、大きな注目を集めるパレスチナ・イスラエル問題のなかで一般に無視されてきた。

中米も深刻な「難民問題」で知られるが、この地域内と地域外への難民の移動の性質・状況の理解を助けるものや、それに関連する政策と援助の実施状況についての研究は、ほとんどなかった。エルサルバドル、エチオピア、ウガンダでの避難民の問題は、世界全体で無視されてきた。

様々な研究形態——長所と限界

難民についての調査・研究の多くは、受け入れ国における政策研究（政策の実施をめざした計画段階での調査）か、資金元（スポンサー）であるドナー国への「進捗状況報告」として行われてきた。これは、難民が流入したことで被害を受けた受け入れ国の社会（多くは発展途上国）へ先進国世界が配分する援助の膨大な量と密接に関連している。だがこうした研究は、概念化、データ収集、方法論に関していくつかの複雑な問題をもっていることも事実である。

たとえば、緊急援助調査の報告は、援助資金の多くの部分を、多数の難民の流入による危機感の喚起や、受け入れ国の社会への破壊的影響の予測に合致するよう使う必要があるので、より「コンサルタント」的な性格が強くなる怖れがある。それは紋切り型の政策分析、プロジェクト評価、計画評価という、ドナー国側のニーズから出たものとなりがちである。

この種の研究は往々にして、コンサルタントの仕事と研究の境界を不明瞭にしてきた。コンサルタントの場合はまた、個人的な経済事情が危うくなるとき（あるいは将来の研究資金の取得への期待のため）、資金元に都合の悪い事実の記述、もしくは資金元に批判的な研究報告を提出することを、どうしても避ける傾向が出てきてしまう。

その他いわゆる「唱道的研究」は、難民自身の利益（つまりは救済）を目的として行われるが、現実の姿よりも「あるべき姿」に重点が移れば、研究は現実と遊離したものになりやすい。また、「難民」の否定的な様子を紋切り型に固定化し、永続化してしまう危険性にも注意しなければならない。

幸か不幸か、これまでの難民計画の大半は、アカデミズムによる研究に依存してはいない。強制移動への援助に関する研究については、関係機関が意義を見出してはこなかった。そして多かれ少なかれ研究が公に語られない最も大きな理由として、それらが受け入れ国に都合の悪い発見をして援助実施者に「無用の」混乱をもたらしたり、論争が巻き起こったりするリスクがある。それを実務者は歓迎しないという事情があった。

実際、実務者は、研究、とりわけ独立の批判的研究がもたらす結果を怖れがちである。というのも、強制移動の長期的戦略を探る研究は大きな問題を扱うが、研究者はその根本原因を調べるなかで、隣接するいわゆる「微妙な」問題に避け難い形でふれることになるからである。一般に行政側は膨大なデータを独占しており、難民救済の分野でも、その官僚的活動によって障害をおよぼすことが多い、と批判的な見方をする人もいる。

仮に研究が行政による妨害等をうまく擦り抜けたとしても、個人や集団としての難民に対し、思わぬ結果をもたらすかもしれない。研究成果は、限度を超えて過剰に一般化されるかもしれないし、同じような物理的特徴をもつ他の難民集団に、根本的に異なる社会的・経済的状況であるにもかかわらず無理やり適用されて、影響力をもってしまうかもしれない。

難民が遭遇する個々の局面を、科学的研究の対象として度を超えて一般化すること（難民のもつ経験を、病的な症状や統計上の数字や、法的規則の対象にまで押し下げてしまうこと）は、研究の意味を減じてしまう怖れがある。

それはすなわち、難民が経験した身体的な痛み、社会的脆弱性、経済的損失、逃亡による精神的外傷……。難民性の本質であるこうした人間的苦しみを、因数に分解してしまう罪をおかすことになる［*ibid.*］。私たちは難民を説明し、描写する前に、まず彼らの置かれた状況を理解すべきであろう。

論点32 研究者と難民の関係はどうあるべきか

移動を強制される状況に置かれた人々についての研究は、彼らが経験した事柄への理解を深め、移動の決定にいたったプロセスを証拠に基づき国際社会に知らせるだけでなく、倫理的に特別な問題を引き起こす。

強制移動の顕著な特徴の一つは、それがしばしば高度に政治的な状況下で行われることである。こうした難民の経験は、近代化の過程、とくに第二次世界大戦以来のグローバルな変化のなかに位置づけられねばならない。

「難民になること」は、元々の自然な特性でもないし、アイデンティティや集団的な態度様式に深く影響を与えるものでも本来はないはずである。難民になることは、何よりもまず、政府や国際機関にその難民性を認められ、特定の公的な地位を与えられることを意味する。

しかし、難民キャンプのような特別な状況においては、人々が一般社会から隔離され、難民の地位は個々人のアイデンティティに実際上の意味づけをすることで、否定的で強力な社会的影響力をもつ。「難民」という概念とそれがもつ倫理的な意味は、国際難民制度につながる社会的、制度的なプロセスのなかで深化させられる。

とはいえ難民側も、その否定的な評価に甘んじているわけではない。一般に「難民の地位」は、難民というラベルを貼られた人がもつ唯一のアイデンティティではない。難民の地位は、国籍、民族、血族関係のような複数の帰属先の一つであるにすぎない。彼らは状況次第で、意図的に異なる地位を使い分け、難民の地位から他の地位へ、正規の部門領域から非正規の領域へ、異なるアイデンティティを行き交っている。

セネガルのモーリタニア難民は、両国の経済移住ネットワークを確立し、セネガルではセネガル人になりすまし、モーリタニアでは避難民としてのモーリタニア人に戻る。だが、難民キャンプ内では援助を受け取るため、人道機関やキャンプ役人には難民登録証を示す。同じような事例は、ザンビアのアンゴラ人、パキスタンのアフガン人にも見られる［Scalettaris 2007］。

一九八〇年代以降、難民・強制移動研究の分野で最も広く受け入れられてきたネットワーク理論は、移民の集団としての力および地域社会とのつながりに焦点をあわせている。実際、非公式のネットワークは、個人や集団にとって力強い資源となる。

ネットワーク理論では、送り出し国側は、文化資本（とくに移住機会、ネットワーク、ルートの情報）を伝える仕組みとして分析される。一方、受け入れ国社会の分析での力点は、社会資本（個人的な人間関係、家族の型、地域社会との友好と絆、相互協力）に置かれる。

二つの責務

人道危機と呼ばれる状況のなかで現地調査を行う社会科学者は、しばしば二つの責務に直面する［Jacobsen and Landau 2003］。窮状にある人々に対する倫理的な責務と、研究を学問的に信頼でき政策的にも理にかない適切なものにするという責務である。強制移動にかかわる研究者は、難民への被害を最小限度にする倫理上の義務を、注意深く考える必要があるといわれる。

難民関連の社会科学は言うまでもなく、高度の学問水準を満たすことを望んでいる。学問・科学のなかで、正当な場所を占めるためである。しかし研究の成果が学問的に洗練されていくと、実務家や政策立案者からその分析は現在の危機には合わないのではないかと疑われ、危惧される怖れがある。

これらの疑念は、社会科学と政治の間を調停する難しさを反映している。非研究者側から寄せられる学問的な中立性の要求はしばしば、「難民移動は悪いものだ、悲惨な異常事態だ」という考えから発し、「移動はむしろ歴史上、当たり前のものではなかったか」という疑問をおおい隠しがちである。

難民研究には「北」での庇護の問題、「南」での人道問題という、二つの明瞭な方向性がある。社会空間の広さを超えて、社会変化と人間移動の関係を調べる必要がある。そのためには、人々の移住の決定や生活戦略に影響を与える現場段階の要因の分析および、それに伴う政治的、経済的、社会的なアプローチが必要となる。

難民という人々の人間的能力は、外部の制度的・構造的要因に、どのように影響され、どのように対処しているのか。そのことを知るためには、難民の能力に影響を与える種々の段階の要因の解明が重要である。

思いこみを廃し、証言を検証する

危機的な状況に置かれても、人は自国内に留まる場合がある。たとえば高齢者は、迫害の危険と呼べるほどの状況があっても、健康状態や先行きの不安、これまでの生活への愛着と執着などから、移動よりも留まることを優先することもある。

他国で戦争、暴力、そして多数の人々による避難が起こるとき、人々の目は自然と当該国で「難民になろうとする」逃げる人に向く。だが、危険性は確かに深刻とはいえ、一般に想定されているほど、すべての難民が精神衛生上の深刻な問題をかかえているわけではない。彼らに共通するのは出国を強制されたという事実だけである。

避難経験が苦痛の原因ではないというのは間違いだが、援助側はある種の経験的な思いこみで難民の心理的な障害を前提化し、彼らに対応している。難民のなかに発生する精神障害や精神病を、彼らが難民だからだと先験的に自明のこととして考えるべきではない。

母国の喪失を「文化的なアイデンティティの喪失」とすぐにつなげてしまうのは、機能主義の一側面である。アイデンティティ、文化、伝統、家、コミュニティ、市民権、所属の意味が無批判に使われており、その意味を再定義する必要がある［Malkki 1995］。

援助側が受け入れ国を難民にとって見知らぬ世界だとみなしてしまうのは、彼らの母国を、「理想的な居住地」だと知らず知らずに前提してしまうことに拠っている。研究は一般に、難民が相対する政治的・制度的な枠組みに着目するが、本書では難民自身に中心的な焦点をあわせたい。「難民中心の研究」（refugee-centred research）である。

難民は、著しい不利益を経験している。彼らは公に自分たちの経験や必要物をはっきりと述べることができないし、公的な表現手段を欠くために、自分たちの声が他の人々に聞かれるようになるまで何年もかかる。彼らの影の薄さは、受け入れ社会での周辺的な地位と不平等な関係に関連している。

当局からは「好ましからざる人々」と見られ、退けられたり無視される。政府にとって難民を社会に迎えることは人道上の義務ではあるが、それに伴うかなりの出費を要する。そのために数を限って受け入れ、人々を管理しなければ、と考える［Doomernik and Glorius 2017］。受け入れ国の経済や政治が不安定なときには、国内の問題が重要度を増し、政府は他者への敵意を内的、外的に一般化しようとするかもしれない。そうした際には難民は容易に、劣った、有害で、脅威ある存在として描き出される。

難民や避難民は、自分の真の意見を述べることを意識的・無意識的にためらい、発言に慎重になるか、怖れを抱く。あるいは自分たちの苦難の「特定の部分」だけを語ろうとする場合もある。彼らのそうした対応は、彼ら自身の生存戦略の一部でありうる。彼らは今一緒にいる仲間たちの立場を危険にするようなことを、外部者に語ったりはしない［Jacobsen and Landau 2003］。

難民の経験を現在の研究に導入するために、そして歴史的な記録として未来に残すために、個人による証言は重要である。追い立てられた人々の主観的な経験を書き残すことは、研究の重要な部分である。しかし、証言と記憶の分野の研究では、思い出す過程が複雑なこともあり、しばしば矛盾する点が見つかる。「証言」はそれゆえ、記憶を批判的に理論化する作業を通じて検証する必要がある［Marfleet 2007］。

研究者と難民の関係

高度に政治化された不透明な状況のなかで、研究者と難民の関係はどうあるべきか。研究者は強制移動にかかわるなかで、人々の権利を尊重しつつ支援し、生活とのバランスや研究への参加の度合いを難民自身が決定できるよう配慮することが重要である［Clark-Kazak 2017］。

研究者は、自身と難民の関係が可能な限り公平になるように努力し、様々な観点の見方に注意をはらい、自身のジェンダー、性的指向、年齢、能力、宗教、文化習慣、民族、国籍に基づく先入観を避ける必要がある。研究過程では、自分の立場、偏見、責任を理解し、相互信頼を発展させることが大事である。

情報提供者が貧しく無力なとき、研究方法のあり方は倫理的な問題に偏ってしまうかもしれない。難民のなかで生活したり、仕事をする研究者は、難民側の「想像上の歴史」を受け入れがちであり、難民の生存戦略に組み込まれる怖れがある［Jacobsen and Landau 2003］。研究を助けてくれる人に、何かをしてあげることによって生じるバイアスの問題もある。そうした好意を非難することは難しいが、方法上の問題を生むことは避けられない。研究者の存在が情報提供者の振る舞いに影響を与え、研究の発見物が損なわれる怖れもある。決定的な課題は、何をしてあげるかではなく、それをどのようにして行うかである

［Bakewell 2007］。

研究が学問的に厳密で、政策にも適合し、かつ倫理的に効果的であるためには、確かな方法論をもち、アプローチの限界と長所を明確に認識したうえで、物事を批判的に見ることである。研究者は難民のもつ文化を理解し、その多様性を理解し、適切な調査方法を選ぶ必要がある。難民に対し、彼らがもつ権利について、正確な情報を与えることも大事である。

研究は、難民への政策や計画を改善するうえで役立つ可能性があるが、一方で忘れてならないのは、研究成果を難民や実務者とつねに共有できるわけではないということである。

論点㉝ 国際制度における新たな分担のルールを求めて

現在、移動する人々の数は、世界人口に比しても絶対数としても、先例のないものではない。人類はつねに、移動を強いられてきた。自国内で避難する人の数は、グローバルな難民人口のほぼ倍である。欧州での近年の難民危機では、時代が進みスマホというデジタル機器を使った移動（digital migration）が話題になった。

人の動きには、移住、避難、計画的移転の三つのタイプがあるが、それぞれの詳細な議論は、巧妙に国際的な議題から外されている。

強制移動の原因となる人間同士の争いは、時代を通じて歴史の共通のテーマであったし、国家権力のおよばない聖域（安全地帯）を避難者に与える慣習は、多くの社会に深く根づいていた。近代化によって地球全体が国民国家に分割されたとき、各国家は「感情的な共同体」として固められ、自分たちは一様な国民だという、原初的な感覚をもつようになった。個人は、市民社会の内で自己利益を追求し、個人の権利を守るために、国家に依存する。国家は、誰が構成員となるかを厳正に管理している。世界が完全に各国家に分割されたとき、ある国での迫害を逃れた人々は、他国への入国許可申請を求められるようになった。難民は、二〇世紀を特徴づける移住管理制度のアキレス腱であった。

国家主権にとって、帰属する個人を管理することは永続的な中心課題である。その課題は今日、移住の多様化という歴史的に特異な状況に置かれている。

欠けていた分担のルール

社会変化に伴い移動のあり方にも進展が見られるが、現代の二〇〇近い国を対象に、人の移動の国際制度を発展させていくことはきわめて難しい。

「制限主義」（restrictionism）への動きは一九七〇年代にすでに始まっていたが、当初は労働移住のみを対象としていた。一九八〇年代後半、人の移動に関する焦点は、不法移民と庇護申請者にあわせられるようになった。人の入国は難しくなり、すでに「ヨーロッパの砦」という言葉があった。欧米各国は難民の入国を厳格化し、その傾向は一九九〇年代に一層顕著になった。先進国側、とくに欧州は域内で協調する方策へと舵を切ってゆく。

ＥＵ（ヨーロッパ連合）に欠けていたのは、庇護申請者と難民が数多く押し寄せた場合に、どのように内輪の結束を固めるかのルール、いわゆる「負担の分担」をめぐる制度だった［Doomernik and Glorius 2017］。ＥＵが拠りどころにしたのは、一九九〇年のダブリン条約（the Dublin Convention, 一九九七年発効）であった。

この条約がめざしたのは、庇護申請者が到着した最初の国で庇護の申請（難民申請）をし、その国が責任をもつことだった。しかし庇護を求める多くの人々は、イタリアや他の南欧諸国、たとえばギリシアには留まりたがらない。大半の庇護申請者が到着するこれらの国々では、北欧諸国と比べて社会支援制度が脆弱で、国民の間でさえ失業率が高いからである。

新しく到着した人々には、ＥＵのどこかに接触する何らかのつてがある。彼らより以前にやって来た家族や友人がさらに先で待っている。そのことが、彼らに移動を続けさせる理由となっている。しかし、最初に到着した国で登録され、指紋をとられたら、いくらかの例外を除き、他の国への庇護申請はできなくなる。指紋はＥＵ内の各国の警察で検索可能なデータベースにおさめられるので、この目をかいくぐるのは困難だ。

近年の欧州難民危機で明らかになったのは、ＥＵの実態は、域内の結束や人権尊重に基づく共同体といったものからは、はるかに遠いということだった。負担分担ではなく「負担の転嫁」、そして国境の軍事化、難民船の海上での阻止が、代わりに行われた。そのためEUでの難民受け入れは、非常に不公平なものになった。

結果としてEUは、イタリアやギリシアの島々をあてもなく漂う庇護申請者への対処を迫られ、ドイツでは各地元社会で、予想もしない膨大な数の難民を受け入れねばならなくなった。欧州における難民保護には、政治統合とは別の次元での、より良い協力と結束が必要である。

新たな国際難民制度の模索

難民流出は、原因国の国家建設が未完成である徴候と見られる。二〇世紀が難民の世紀だったのは、国々が難民に逃亡を異常な形で強いたからではなく、前述のように、保護をするか否かに絶対的な権限を有する国民国家に世界が分割されたためである。他国民の入国の可否を決めるのは、言うまでもなく国家である。

第二次世界大戦後、世界で覇権を握ったのはアメリカだが、「難民問題」は現在、西側の利害、とくに欧州諸国を中心として生じており、その周りで国際難民制度が機能している［Scalettaris 2007］。

しかし、今ある国際難民制度にほころびが生じ、原因地域内の責任とイニシアチブによる「新たな難民制度」が、先進国と国際機関に頼るこれまでのやり方を迂回する形で現れている。その一方で、援助の相手が難民か避難民か帰還民かにかかわらず、暴力紛争の犠牲者に対し、一時しのぎの物資配布を行う国際的な支援制度が発展してきている。

こうしたなか、二〇一六年五月にイスタンブールで世界人道サミット（the World Humanitarian Summit）が開かれ、同年九月に国連総会は、難民・移民のための「ニューヨーク宣言」（New York Declaration for Refugees and Migrants）を採択している。これは難民や移民の大規模移動に対処するため、各国政府による負担分担という課題を共有することを再確認したものだった。

しかしこの会議は実際の難民の負担分担にはいたらず、二〇一八年に開かれる第二回目のサミットに討議は持ち越されることになった。そして、二〇一八年九月までに「グローバル・コンパクト」を練るために、複雑な交渉過程に入った。

二〇一八年は難民・移民の保護にとって歴史上、重要な年となった。人の移動についての二つの新しい法律文書である、「難民コンパクト」（the Global Compact on Refugees, GCR）と「移民コンパクト」（the Global Compact on Safe, Orderly and Regular Migration, GCM）が採択されたのである。それは世界の各国政府に、新しいモラルと政治的な約束を促すものとなった。

グローバル・コンパクトの目的は、移住に関する一連の原則への理解と関与を加盟国が深め、グローバル統治と調整について、それらの間で計画を立てることであった。これは、政府間で交渉を重ねて合意された最初の協定であり、すべての国際移住の領域を包括的にカバーしている。

ただし、グローバル・コンパクトの考え方自体が提案されたのは、これが初めてというわけではなく、以前の失敗経験を項目ごとに十分に踏まえるべきである。

必要なのは政治的意思

二〇一八年の難民コンパクトをフォローするため、二〇一九年一二月一七、一八日、国連主催で第一回グローバル難民フォーラム(Global Refugee Forum)がジュネーヴで開かれた。参加者は各国政府、国際機関、NGO、市民社会グループ、民間企業の関係者、学者、難民など、三〇〇〇人あまりであった。UNHCR難民高等弁務官フィリッポ・グランディ(Filippo Grandi)によれば、この会議の目的は難民流出へのグローバルな対応を加速することにあった。

会議では、コスタリカ、エチオピア、ドイツ、パキスタン、トルコとUNHCRが共同議長となった。先の難民についてのグローバル・コンパクトの原則を具体的な行動に移すことが目標とされた。紛争の防止と解決のため、その根本原因に対処することが謳われ、七七〇の誓約と、保護、問題解決に向けての資金拠出が各国から表明された。

カギとなる分野は、負担と責任の分担、教育、仕事と生計、エネルギーとインフラ、解決、保護能力の六つであった。原因国での開発志向のニーズを満たすため、開発機関や世界銀行をふくむ多国間の銀行グループからの資金拠出と政策的な関与の必要性が述べられた。

そして「難民の自立」を促す教育が強調され、また民間部門の活発な投資活動による関与が奨励された。大体はこれまでいわれてきたことの繰り返しで目新しさはなかったが、原因国や受け入れ国を支援するものとなっていた。フォーラムで行われた論議を見ると、「難民問題」への国際社会の対応には依然、主要な二つの流れがあり、互いに衝突し合っているように見える。

一つは、先進国の多くで行われている、排他的な難民政策の継続である。その目的は、領域内に庇護を求めてやってくる人々を減らすことである。UNHCRはこの政策の継続を望まないが、止めることはできない。ただし先進国の一部は、難民保護と責任分担への関与に今なお努めており、難民定住計画、家族再会、労働許可を通じた入国計画、人道ビザの発給のような補完的手段をとって、注意深く難民の人権保護に対応している。

二つ目は、世界の難民の約八五％が存在する途上世界での、難民の自立に向けた市場経済志向の潮流である。これには開発機関や民間企業が大きなかかわりをもつ形で、原因国周辺の受け入れ国に対する支援や、難民の地元社会への包含に、ますます強い焦点があたっている。

このアプローチの重要なポイントは、教育や保健医療のようなサービス事業への追加的な投資である。難民キャンプへの収容を避け、国家開発計画へ難民を編入することが従来以上に強調されている。

難民コンパクトは今のところ、移動を管理する諸国家の政治的・制度的な枠組みを変えられそうにない。移動（移住）については、南の国々に人々が留まることが奨励され、彼らが北の国々に移動しようとすると、国境から追い払われるのが実態である。

グローバル難民フォーラムは、国際社会が強制移動の問題に対応する方法を具体的に提案し、各国や関係者の提携と協力を通じて、実際の結果を生み出すためにこそある。そのため、焦点となるグローバルな負担分担が幾分具体化されてはいるものの、難民への保護や援助を与える責任をどのように、より平等に分かち合うかを検証するには、各国における相当な「政治的意思」が求められる［小泉 2022］。

ニューヨーク宣言は元々、暴力や紛争の根源に取り組むだけでなく、政治的解決と平和的安定と復興に関与することを謳っているが、各国がこれらへの関与をどれだけ本気で守り、実施するかに今後がかかっている。

論点㉞　難民の問題は、他のグローバルな諸課題とつながる

近年では国内避難民と国外への戦火避難民の問題が一層、国際社会の人道的、戦略的な重要性を占めるようになってきている。なかでも国内避難民については一般に、他国の保

護下にはない、あるいは彼らがそれを望まない国家の支配の下に置かれているので、国外避難民よりも困難で危険な状況にある。

私たちの世界で現在、主流となっている自由主義という考え方は、情報の自由な流れや人々の自由な移動を主張すると同時に、物、サービス、資本の自由な交換に基づく開かれた世界のあり方を提唱している。人の移動の自由化が、送り出し国、受け入れ国、そして世界に、全体としてもたらす大きな利益を指し示すものとなっている。

自由主義はただし、人々の自由な移動や、国境を越えた居住地の自由な選択については、国家主権とどう調和するかという点で、あまり明確ではないように見える。他方で自由主義は、グローバル経済に直面する最も重要な政策課題の一つとして移住管理を位置づけている。そのように、国家主権、国民としてのアイデンティティ、強力な経済的利益、人権、より良い生活への個人の意思、すべてが交わり、混じり合っている。

移住に対する安全保障という概念は以前から使われていたが、九・一一以後、これへの懸念が急速に高まった。政治家は、移民問題が国民の支持に悪影響をおよぼすことを怖れ、移民の入国を縮小する傾向にある。この怖れは政治家に、各国が参加する国際協力のなかで、移住に対処することを難しくしている。

先進国はテロとのグローバルな闘いを通じて、安全保障への国家の関心を高め、原因国の地域内に難民を封じ込める政策のほかに、北でも南でもますます制限的な庇護政策をとる動きを強めている。

北の国々は外国籍の人々の入国に対する管理を強め、入国阻止、勾留、庇護申請者の控訴権の制限を行い、領域外での審査センター設置の提案等の政策をとった。一方、多くの南の国々は、北の国々と同じ論理で難民の権利制限を正当化し、強制帰還や収容の措置を強めながらも、北のやり方は自国領内で難民数を管理し制限する方策であり、強制送還と収容につながる非人道的な政策だと非難している。

人々が国境を越えてネットワーク化され、南北にかかわらず情報が行き交う時代であるにもかかわらず、高い次元の政策で使われる知識・手段は、もっぱら先進国でつくられている。彼らエリートの国々には資金と資源があり、声の大きさがある。強国は規範（ルール）を自由に選択し、それを無視し、変えようとさえしている。

その筆頭であるアメリカは、UNHCRの立場に強く反対し、難民条約のノン・ルフールマン原則の義務や他の多くの人権義務の遵守は、国家の領域内では限定されると主張してきた［Gammeltoft-Hansen 2014］。同国がテロリストと難民を短絡的に結び合わせたことによって、「第三国定住」の評価は、好ましい恒久的な手段・解決策から、最も好まれず時に不可能な解決策といわれるまでに変化してきている。

世界では、市民／非市民、内部者／外部者、好ましい人／好ましくなく入国阻止が必要な人、といった二分法的な区別が強まっており、難民をとりまく状況はつねに政治的である［Donà and Bloch 2019］。

多くの先進国では、不規則移住が高い割合で続いているため、人の売買をふくめ、移住は管理不能だという否定的な感覚がもたれるようになってきている。危機管理政策では迅速で短期的な対応が先行し、より長期的な見通しは忘れられ、無視される傾向にある。国家の移住管理が一層困難になっている理由は、すでに述べたように多様だが、強制移動をふくめた移住の比率向上が、疑いもなく問題の核心部分である。

世界人口に占める移民・難民の比率は一九九〇年には二・三％であったが、二〇世紀末まであまり変化していない［Ghosh 2000-a］。しかし重要なのは地域差で、世界のいくつかの地域、とくに西欧ではその比率が急激に上昇している。西欧では、一九八五年には三・六％だったが、一九九〇年代には六・一％で二倍となった。年間流入数は北米や西欧で急激に上昇し、短期滞在者や観光客を除いて、すでに年間約一〇〇万人の移民・難民を受け入れるようになっている［*ibid.*］。

強制移動は今後、より大きな政治的な不安定を引き起こしたり、大変動の危険な原因となりうるので、これまでの古くさい国境管理と人道措置の次元を超えて、国内、地域内、そして国際的な政治・安全保障の対象になってきた［Loescher 2000］。

長期計画を立てず、間に合わせの短期的な政策をとって国境を厳格に管理するだけでは、問題への対処を誤り、必要な措置の妨げになる怖れがある。

包括的なアプローチの開発

強制移動の問題はますます、広く複雑な問題となってきているので、対応にあたっては、国際人道組織による委任事項内の活動だけでは不十分となり、他の国際的な関係分野、とくに人権、経済開発、平和と安全保障といった課題と接続させることが必要になっている。強制移動は、数多くの複雑な要因が混じり合って起こるために、政府の移住政策や実施措置、国際的な紛争防止策のほかに、貿易や開発政策のような、人の移動に影響する他の関連領域の政策でも対処すべき状況となっている。

現代は暴力と戦火の面で、新しいタイプの組織的暴力の行使、カルドー（Mary Kaldor）のいう「新しい戦争」がある。この形に対応する「包括的なアプローチ」が今こそ開発されねばならない。そのためには、対処する国際社会の容量・能力への評価のほかに、強制移動民により引き起こされる問題についての現実的な評価が必要である。

しかし、国家や国際機関の政策立案者には、まだ大規模の強制移動への十分な備えがあるようには見えない。国連は平和維持や平和創出で主要な役割を演じているが、その能力には資金的に制約があり、活動が大きく制限されている。

国連の安全保障理事会は、予防行動を現実的にとるための実権を事務総長に譲り渡し、構造改革を進めることには消極的である［Loescher 2000］。現在の難民制度に関しては、各国際機関の委任事項の間に数多くの深刻なギャップがあり、国際人道機関の事業遂行能力を損ねている。

今日まで、国際活動の大半は移動（移住）の管理や強制措置に向かい、各国政府はそれぞれの国内対策と単独の対外交渉によって、何とか事態を解決しようとしてきた。強制移動への国際的な対応は、今ある法や制度では時代遅れで、新しい問題に立ち向かうにはあまりにバラバラである。

国際社会がグローバルな「難民問題」に対処するには、二国間および多国間での一致した取り組みに注意を向け、根本原因に向き合う必要がある。国際組織のほかに、原因国と受け入れ国をふくむ、国際的に調整された政策が必要である。

しかし、現下の国際政治の文脈を考えると、新しい国際的な政策を想定するのは確かに難しいかもしれない。人権と強制移動をめぐっては各国の思惑がつねにからみ、国際的および地域的な安定と理想主義がぶつかってしまっているからである。

難民の問題への多面的なアプローチが必要であるにもかかわらず、国際社会全体としての反応は政治、開発、安全保障、人道の分野に区分され、異なる場で、それぞれ個別的に論議されている。アプローチを統合したり、現場で効果的に協働しようとする試みは、ほとんど成功していない［*ibid.*］。だが、このままでは多くの難民たちが苦境にあえぐ状況が、今後も続くことになる。

知的な力強さの維持

近年、宗教・民族・言語の違いなどを通じて人々を分離して居住させる民族浄化への「先祖返り」が始まり、難民に対して規則に則って対処しようとしてきた、これまでの国際制度に、大きな裂け目が現れ始めている。「難民危機」への解決策としては、同民族が数多く居住する場所へ人々を戻すことに再び力点が置かれるようになっている。

そして解決への主導権を、これまでの国際制度やその委任組織が握るのではなく、各地域に解決が委ねられようとしている。「地域的解決の時代」の始まりである。

しかしそれは、難民危機を解決する手段を、今ある普遍的な根本原則の遵守と国際機関の介入という原則から、地域内の国々による具体的で実用的な解決法の実施に戻すことになり、これまで積み上げられてきた国際法と人道主義に基づく倫理的制度は一体何だったのか［Adelman 1999］と、疑問視する声もある。

確かに、これまでに開発されてきた国際的な法制度は、それが利用可能な人々には依然、機能しており有効だが、世界人口の一〜二％の難民を扱うのには高価すぎる解決策だという声があるのも事実である。とはいえ、難民の強制移動のように各国の利害がからむ問題の場合、国際協力を募って紛争解決を図り、グローバルに長期の安定を確保する以外に解決の方法はない。

難民・強制移動の研究における現代の課題とは、グローバル時代の強制移動に見られる新しい傾向と性格を分析することにある。今日、強制移動は「南」の社会変化の結果として生じており、社会変化の原因にもなっている。暴力の一般化や大勢の人々の逃亡は、植民地支配からの解放とそれに続く新国家形成、そして冷戦構造への組み込みという状況のなかでの南の変容として、一九六〇年代からすでに見られた現象である。

もし私たちが包括的で専門性のある難民援助制度を望むというのなら、研究は奨励されねばならない。研究はかつてスタイン（Barry Stein）が言ったように、研究は直近の入国者や特定の政策課題にのみ焦点をあわせるべきものではない。難民の強制移動はしばしば多くの場合は同一のパターンで、一群の因果律をもった反復される現象として、認識可能なものである。したがって広い歴史的な視点から、あらゆる場所にいる難民を見る全般的な研究をめざすべきである。

研究の意義は、各学問上の境界を克服し、問題が断片化されたり副次的分野へ孤立した形で扱われてしまうのを防ぎ、政治的・官僚的な政策用語を検証に付すことにある。理論的には、もっと大きな見取り図をもち、研究をより広い社会関係や構造、変化につなげていく必要がある。また、受け入れ国での難民への偏見に打ち勝ち、複雑性、多様性を踏まえ移住プロセスの状況に沿った、最も適切な理論と方法を見つけ出さねばならない。

難民たちの移住プロセスはすべて異なり、それぞれがユニークである。歴史的な偶然性ともからんでいるため、典型的な難民の姿というものはない。代わりに、数えきれぬほどに雑多で多様な難民経験があり、それだけの数の難民の姿がある。「難民」である意味とアイデンティティは、避難の過程における個々の時期と場所のなかでつくり上げられる。

研究では、学問の独立性と知的な力強さを維持することが不可欠である。ただし同時に、政策上の必要に適合性をもつ研究を生み出すことも忘れてはならない。真理の探究とともに、強力な実践志向をもった学際研究が必要である。

したがってこの研究は、より広範な移住研究へと進むために開放性をもち、徐々に研究領域を拡大していく必要がある。他方で、より包括的な分析をするために、国際難民制度の機能、基礎、知識創出の仕組みをたどり、問題全体への厳正な評価を行う必要がある。

歴史が示しているのは、移住は人間にとって、正常な社会生活の一側面だということである。グローバルな難民移動の研究は、人々が「自国に留まるのを助ける方法を探す」という孤立した目的からではなく、移動がむしろ、通常の社会関係の姿であることを前提として行われるべきである。

目的とすべきは、現代の社会変化がもつ複雑で多様なプロセスの一部として、強制移動の力学を分析することである。したがって、移住を減らすことをめざすのではなく、平等と人権の尊重の下で移住が行われる方法を見つけることが重要である。

研究の妥当性は、つまるところ、どのように現実の問題の分析を進めるかよりも、個々の難民にどんな質問ができるかにかかっている。彼らの答えは何よりも現実的で、かつ研究に対する深い洞察を与えてくれるはずである。

移住はしばしば、難民個人にも原因国の社会にも、前向きの結果をもたらしている。人々の移動の結果として、送金の流れや先進技術の習得、新たな考えの創造と伝播が受入れ国にもたらされることは、原因国や周辺国にも良い変化を生んでいる。

最終的な課題は、難民保護の事業を、より広い人権擁護にどのように結びつけるかである。その際に留意すべきは、抽象的な言葉のうえで個人の自由や権利を考えるのではなく、彼らが生身の人間として存在し、日常的な背景をもって生活している現実を忘れないことである。

参考文献

Adelman, Howard (1999) "Modernity, globalization, refugees and displacement." In Alastair Ager (ed.) *Refugees: Perspectives on the Experience of Forced Migration*, Continuum, London: 83-110.

Ager, Alastair (1999) "Perspectives on the refugee experience." In Alastair Ager (ed.) *Refugees: Perspectives on the Experience of Forced Migration,* Continuum, London: 1-23.

Ainsworth, Peroline (2007) *Refugee Diet in a Context of Urban Displacement*, FMRS Working Paper 8, the American University in Cairo.

Bakewell, Oliver (2007) "Researching Refugees: Lessons from the Past, Current Challenges and Future Directions," *Refugee Survey Quarterly* 26(3), UNHCR: 6-14.

Barnett, Laura (2002) Global governance and the evolution of the international refugee regime, *New Issues in Refugee Research*, Working Paper 54, Centre for Documentation and Research, UNHCR.

Barnett, Michael (2011) Empire of Humanity: A History of Humanitarianism, Cornell University Press, Ithaca.

Benezer, Gadi and Roger Zetter (2014) "Searching for Directions: Conceptual and Methodological Challenges in

Researching Refugee Journeys," *Journal of Refugee Studies* 28(3), Oxford University Press: 297-318.

Betts, Alexander (2009) *Protection by Persuasion: International Cooperation in the Refugee Regime*, Cornell University Press, Ithaca.

Betts, Alexander (2010) "The Refugee Regime Complex," *Refugee Survey Quarterly* 29 (1): 12-37.

Betts, Alexander (2014) "The global governance of crisis migration," *Forced Migration Review* 45, Refugee Studies Centre, University of Oxford: 76-79.

Betts, Alexander, Kaplan Louise, Josiah Bloom and Naohiko Omata (2017) *Refugee Economies: Forced Displacement and Development*, Oxford University Press.

Black, Richard and Michael Collyer (2014) "Trapped' Populations: Limits on mobility at times of crisis." In Susan F. Martin, Sanjula Weerasinghe and Abbie Taylor (eds.) *Humanitarian Crises and Migration: Causes, Consequences and Responses*, Routledge, London: 287-305.

Bradley, Megan (2007) "Refugee Research Agendas: the Influence of Donors and North-South Partnerships," *Refugee Survey Quarterly* 26(3), UNHCR: 119-135.

Buscher, Dale (2011) "New Approaches to Urban Refugee Livelihoods," *Refuge*, 28(2), the Centre for Refugee Studies, York University: 17-29.

Calhoun, Craig (2008) "The Imperative to Reduce Suffering: Charity, Progress, and Emergencies in the Field of Humanitarian Action." In Michael Barnett and Thomas G. Weiss (eds.) *Humanitarianism in Question: Politics, Power, Ethics*, Cornell University Press, Ithaca: 73-97.

Castles, Stephen (2003) "Towards a Sociology of Forced Migration and Social Transformation," *Sociology* 37(1), Sage Publications: 13-34.

Castles, Stephen (2010) "Understanding Global migration: A Social Transformation Perspective," *Journal of Ethnic and Migration Studies* 36(10), Routledge, London: 1565-1586.

Chatty, Dawn and Philip Marfleet (2013) "Conceptual Problems in Forced Migration," *Refugee Survey Quarterly* 32(2), UNHCR: 1-13.

Chimni, B. S. (2000) *Globalization, Humanitarianism and the Erosion of Refugee Protection*, Refugee Studies Centre, University of Oxford.

Chimni, B. S. (2009) "The Birth of a 'Discipline': From Refugee to Forced Migration Studies," *Journal of Refugee Studies* 22(1), Oxford University Press: 11-29.

Clark-Kazak, Christina, with the Canadian Council for Refugees, the Canadian Association for Refugee and Forced Migration Studies, and York University's Centre for Refugee Studies (2017) *Ethical Considerations: Research with People in Situations of Forced Migration.*

Clark, Lance (1985) *The Refugee Dependency Syndrome: Physician, Heal Thyself !*, Refugee Policy Group, Center for Policy Analysis and Research on Refugee Issues, Washington, D.C.: 1-7.

Collyer, Michael (2005) "The Search for Solutions: Achievements and Challenges," *Journal of Refugee Studies* 18(3), Oxford University Press: 247-257.

Crisp, Jeff (1999) "Who has counted the refugees?: UNHCR and the politics of numbers," *New Issues in Refugee Research*, Working Paper 12, Centre for Documentation and Research, UNHCR.

Crisp, Jeff (2003) "Refugees and the Global Politics of Asylum." In Sarah Spencer (ed.) *The Politics of Migration: Managing Opportunity, Conflict and Change*, the Political Quarterly Publishing: 75-87.

de Voe, Dorsh Marie (1981) "Framing Refugees as Clients," *International Migration Review* 15(1-2), Center for Migration

Studies, New York: 88-94.

den Otter, Vera (2007) "Urban Asylum Seekers and Refugees in Thailand," *Forced Migration Review* 28, Refugee Studies Centre, University of Oxford: 49-50.

Donà, Giorgia and Alice Bloch (2019) "Reflecting on the past, thinking about the future: Forced migration in the 21st century." In Alice Bloch and Giorgia Donà (eds.) *Forced Migration: Current Issues and Debates*, Routledge: 163-173.

Doomernik, Jeroen and Birgit Glorius (2017) "Refugee Migration and Local Demarcations: New Insight into European Localities," *Journal of Refugee Studies* 29(4), Oxford University Press: 429-439.

Escalona, Ana and Richard Black (1995) "Refugees in Western Europe: Bibliographic Review and State of the Art," *Journal of Refugee Studies* 8(4): 364-389.

Fagen, Patricia Weiss (2014) "Flight to the cities: Urban options and adaptations." In Susan F. Martin, Sanjula Weerasinghe and Abbie Taylor (eds.) *Humanitarian Crises and Migration: Causes, Consequences and Responses*, Routledge, London: 325-345.

Feinstein International Center (2012) *Refugee Livelihoods in Urban Areas: Identifying Program Opportunities, Recommendations for Programming and Advocacy*, Tufts University.

Fiddian-Qasmiyeh, Elena, Gil Loescher, Katy Long and Nando Sigona (2014) "Introduction: Refugee and Forced Migration Studies in Transition." In Elena Fiddian-Qasmiyeh, Gil Loescher, Katy Long and Nando Sigona (eds.) *The Oxford Handbook of Refugee and Forced Migration Studies*, Oxford University Press: 1-19.

Fresia, Marion (2014) "Building Consensus within UNHCR's Executive Committee: Global Refugee Norms in the Making," *Journal of Refugee Studies* 27(4), Oxford University Press: 514-533.

Furley, Kemlin, Naoko Obi and Jeff Crisp (2002) *Evaluation of UNHCR's policy on refugees in urban areas, Report of a workshop, Moscow*, UNHCR Evaluation and Policy Analysis Unit, Geneva.

Gammeltoft-Hansen, Thomas (2014) "International Refugee Law and Refugee Policy: The Case of Deterrence Policies," *Journal of Refugee Studies* 27(4), Oxford University Press: 574-595.

Ghosh, Bimal (2000-a) "Towards a New International Regime for Orderly Movements of People." In Bimal Ghosh (ed.) *Managing Migration: Time for a New International Regime?*, Oxford University Press: 6-26.

Ghosh, Bimal (2000-b) "New International Regime for Orderly Movements of People: What will it look like?" In Bimal Ghosh (ed.) *Managing Migration: Time for a New International Regime?*, Oxford University Press: 220-247.

Gregg, Lucy and Jo Pettitt (2017) "Proving torture: demanding the impossible," *Forced Migration Review* 55, Refugee Studies Centre, University of Oxford: 80-81.

Hansen, Randall (2018) "The Comprehensive Refugee Response Framework: A Commentary," *Journal of Refugee Studies* 31(2), Oxford University Press: 131-151.

Harrell-Bond, Barbara E. (1986) *Imposing Aid: Emergency Assistance to Refugees*, Oxford University Press.

Holian, Anna and G. Daniel Cohen (2012) "Introduction," *Journal of Refugee Studies* 25(3), Oxford University Press: 313-325.

Jacobsen, Karen (2006) "Editorial Introduction," *Journal of Refugee Studies* 19(3), Oxford University Press: 273-286.

Jacobsen, Karen and Loren B. Landau (2003) "The Dual Imperative in Refugee Research: Some Methodological and Ethical Considerations in Social Science Research on Forced Migration," *Disasters* 27(3), Blackwell Publishing: 185-206.

Joint IDP Profiling Service *et al.* (2014) *Guidance for Profiling Urban Displacement Situations: Challenges and Solutions*, Geneva.

Karadawi, Ahmed (1987) "The Problem of Urban Refugees in Sudan." In John R. Rogge (ed.) *Refugees: A Third World Dilemma*, Rowman & Littlefield Publishers: 115-129.

King, Russell, Richard Black *et al.* (2010) *The Atlas of Human Migration: Global Patterns of People on the move*, Earthscan, UK.

Koser, Khalid (2004) "Reconciling Control and Compassion?: Human Smuggling and the Right to Asylum." In Edward

Newman and Joanne van Selm (eds.) *Refugees and Forced Displacement*, United Nations Press: 181-194.

Koser, Khalid (2014) "Non-citizens caught up in situations of conflict, violence and disaster," *Forced Migration Review* 45, Refugee Studies Centre, University of Oxford: 43-46.

Kunz, Egon F. (1973) "The Refugee in Flight: Kinetic Models and Forms of Displacement," *International Migration Review* 1(2), Center for Migration Studies, New York: 125-146.

Kunz, Egon F. (1981) "Exile and Resettlement: Refugee Theory," *International Migration Review* 15(1), Center for Migration Studies, New York: 42-51.

Loescher, Gil (2000) "Forced Migration in the Post-Cold War Era: The Need for a Comprehensive Approach." In Bimal Ghosh (ed.) *Managing Migration: Time for a New International Regime?*, Oxford University Press: 190-219.

Lyytinen, Eveliina (2009) A Tale of Three Cities: Internal Displacement, Urbanization and Humanitarian Action in Abidjan, Khartoum and Mogadishu, *New Issues in Refugee Research*, Research Paper 173, UNHCR Policy Development and Evaluation Service, Geneva.

Malkki, Liisa H. (1995) "Refugees and Exile: From 'Refugee Studies' to the National Order of Things," *Annual Review of Anthropology* 24: 495-523.

Malkki, Liisa H. (2010) "Children, Humanity, and the Infantilization of Peace." In Ilana Feldman and Miriam Ticktin (eds.) *In the Name of Humanity: The Government of Threat and Care*, Duke University Press: 58-85.

Marfleet, Philip (2006) *Refugees in a Global Era*, Palgrave Macmillan.

Marfleet, Philip (2007) "Refugees and History: why we must address the past," *Refugee Survey Quarterly* 26(3), UNHCR: 136-148.

Marfleet, Philip and Dawn Chatty (2009) Iraq's Refugees: Beyond 'Tolerance', *Forced Migration Policy Briefing* 4, Refugee

Studies Centre, University of Oxford.

Martin, David A. (2004) "The United States Refugee Admissions Program: Reforms for a New Era of Refugee Resettlement," Executive Summary, Migration Policy Institute, Washington, D.C.: 1-13.

Martin, Susan F. (2001) "Forced Migration and Professionalism," *International Migration Review* 35(1), the Center for Migration Studies, New York: 226-243.

Martin, Susan F. (2014) *International Migration: Evolving Trends from the Early Twentieth Century to the Present*, Cambridge University Press.

Martin, Susan F., Andrew Schoenholtz and David Fisher (2005) "The Impact of Asylum on Receiving Countries." In George J. Borjas and Jeff Crisp (eds.) *Poverty, International Migration and Asylum*, Palgrave Macmillan: 99-120.

Martin, Susan F., Sanjula Weerasinghe and Abbie Taylor (2014) "What is crisis migration?," *Forced Migration Review* 45, Refugee Studies Centre, University of Oxford: 5-9.

Melander, Göran (1990) "Refugee Policy Options: Protection or Assistance." In Göran Rystad (ed.) *The Uprooted: Forced Migration as an International Problem in the Post-War Era*, Lund University Press, Sweden: 137-156.

Miller, Sarah Deardorff (2014) "Lessons from the Global Public Policy Literature for the Study of Global Refugee Policy," *Journal of Refugee Studies* 27(4): 495-513.

Milner, James (2014) "Introduction: Understanding Global Refugee Policy," *Journal of Refugee Studies* 27(4): 477-494.

Newland, Kathleen (2002) "Refugee Resettlement in Transition," *Migration Information Source*, Migration Policy Institute, Washington, DC.: 1-3.

Noll, Gregor and Joanne van Selm (2003) "Rediscovering Resettlement," *Insight*, Migration Policy Institute, Washington, D.C.: 1-35.

Richmond, Anthony H. (1988) "Sociological Theories of International Migration: The Case of Refugees," *Current Sociology* 36(2), The International Sociological Association, London, Sage Publications: 7-26.

Richmond, Anthony H. (1993) "Reactive Migration: Sociological Perspectives on Refugee Movements," *Journal of Refugee Studies* 6(1): 7-24.

Richmond, Anthony H. (1994) Global Apartheid: Refugees, Racism and the New World Order, Oxford University Press.

Scalettaris, Giulia (2007) "Refugee Studies and the International Refugee Regime: a Reflection on a Desirable Separation," *Refugee Survey Quarterly* 26(3), UNHCR: 36-50.

Stepputat, Finn and Ninna Nyberg Sørensen (2014) "Sociology and Forced Migration." In Elena Fiddian-Qasmiyeh, Gil Loescher, Katy Long and Nando Sigona (eds.) *The Oxford Handbook of Refugee and Forced Migration Studies*, Oxford University Press: 86-98.

Troeller, Gary (2008) "Asylum Trends in Industrialized Countries and Their Impact on Protracted Refugee Situations." In Gil Loescher, Newman Milner and Gary Troeller (eds.) *Protracted Refugee Situations: Political, Human Rights and Security Implications*, United Nations Press: 43-68.

Turton, David (2003) *Refugees and 'Other Forced Migrant'*, RSC Working Paper 13, Refugee Studies Centre, University of Oxford.

Umlas, Elizabeth (2011) *Cash in hand: Urban refugees, the right to work and UNHCR's advocacy activities*, UNHCR Policy Development and Evaluation Service, Geneva.

UNHCR (1979) *UNHCR Handbook on Procedures and Criteria for Determining Refugee Status.*

van Selm, Joanne, Tamara Woroby, Erin Patrick & Monica Matts (2003) *Study on the Feasibility of Setting up Resettlement Schemes in EU Member States or EU Level, Against the Background of the Common European Asylum System and the Goal of a Common Asylum Procedure*, Migration Policy Institute, Washington, D.C.

Verdirame, Guglielmo and Barbara Harrell-Bond (2005) *Rights in Exile: Janus-Faced Humanitarianism*, Berghahn Books, New York.

Vertovec, Steven (2007) *Circular Migration: the way forward in global policy?*, Working Paper 4, International Migration Institute, University of Oxford.

Walkup, Mark (1997) "Policy Dysfunction in Humanitarian Organizations: The Role of Coping Strategies, Institutions and Organizational Culture," *Journal of Refugee Studies* 10 (1): 37-60.

Weiner, Myron (1996) "Ethics, National Sovereignty and the Control of Immigration," *International Migration Review* 30 (1), the Center for Migration Studies, New York: 171-197.

Westin, Charles (1999) "Regional analysis of refugee movements: origins and response." In Alastair Ager (ed.) *Refugees: Perspectives on the Experience of Forced Migration*, Continuum, New York: 24-45.

Zetter, Roger and James Morrissey (2014) "Environmental Stress, Displacement and the Challenge of Rights Protection." In Susan F. Martin, Sanjula Weerasinghe, and Abbie Taylor (eds.) *Humanitarian Crises and Migration: Causes, Consequences and Responses*, Routledge, London: 179-198.

小泉康一（1998）『「難民」とは何か』三一書房

小泉康一（2005）『国際強制移動の政治社会学』勁草書房

小泉康一（2009）『グローバリゼーションと国際強制移動』勁草書房

小泉康一（2013）『国際強制移動とグローバル・ガバナンス』御茶の水書房

小泉康一（2015）『グローバル時代の難民』ナカニシヤ出版

小泉康一（2017）『グローバル・イシュー——都市難民』ナカニシヤ出版

小泉康一（2018-a）『変貌する「難民」と崩壊する国際人道制度——21世紀における難民・強制移動研究

の分析枠組み』ナカニシヤ出版
小泉康一（2018-b）「〝グローバル難民危機〟と過渡期の難民・強制移動研究」『国連研究』第一九号
小泉康一（2019）『「難民」をどう捉えるか――難民・強制移動研究の理論と方法』（編著）慶應義塾大学出版会
小泉康一（2022）『彷徨するグローバル難民政策――「人道主義」の政治と倫理』日本評論社

あとがき

あらゆる戦争は難民を生むが、問題は彼らが帰還できるかである。難民は即座の帰還を願うが、それはしばしば現実的ではないし、無理がある。難民に帰還の権利があるとはいえ、多くの紛争は自然に解決しないどころか、現状は悪化の一途をたどっているように見える。人々の憎しみと復讐の気持ちは収まることなく永く自身を苦しめ、また「難民」という烙印は容易には消えない。

命をかけてでも国を出なければならない人が、命をかけてでも守るものとは何か。自由か、生きる希望か。そうした人々に対して講じられる現在の保護制度には改善の余地があり、そのために必要となる方法を見出し発展させることは、今日の難民により良い保護を与える可能性につながる。

人間性にとって真に文明化された前進を表す権利保護のカギとなる事態が、欧州で進行中である。二〇二〇年九月二三日、「移住と庇護」についての新協定の提案書が、欧州委員会により提出されている。

協定の目的はそもそも、難民・庇護申請者がとりうる選択肢の幅を広げて、EU加盟国内の彼らの移動状況への対応を考え直し、彼らの行動への理解を加盟国間で広げることだった。そのために、家族の絆の強さを今一度確認し、深く理解するよう促している。また、EUでの長期居住の権利取得に要する期間が、従来の入国後五年から三年に短縮された。このことは、最初に入国した国に責任を課すダブリン規則（Dublin Regulation）と、EU内の国境を開放するシェンゲン協定（Schengen Agreement）の問題にかかわってくる。これは倫理的な理由からだけでなく、少なくともいくらかの条件において、庇護申請者に実際的な選択肢が与えられることを意味していた。

この新協定案に関しては、国際法上の約束・義務やEUの条約上の原則に基づき、規範的な評価を行った数多くの論考がある。その主たるものは倫理と政治の分析であり、国益および実行に際しての障害可能性のような政治的な抑制因が分析されるとともに、規範的価値が考えられている。新協定案の目的は、EUの庇護制度であるダブリン規則を改善し、統一した制度として前進させることにある。そして、これはいくつかのやり方で達成しうるとされている。

一つ目に掲げられているのは、国家間の柔軟な連帯の必要性である。すなわち、庇護申請者の再移転、帰還の支援や他の援助方策を使って柔軟に連帯し、問題の解決をはかることである。「柔軟性」は、この提案でカギとなる前提条件である。ここでは定住と帰還の間の選択は状況次第とされている。

ただし現実には、真の庇護要求と、難民には該当せず帰還させられるべき移民との間のバランスを保証できないでいる。危機のなかでは、国家間の柔軟性に頼る連帯はうまく働かない怖れがある。

二つ目として、一層の相互連携によって加盟国間の関係を強め、欧州指紋データベース（EURODAC）のような情報システムや、データ貯蔵の改善をはかることが期待されている。EU流入後の第二次移動を防ぎ管理する、より良い登録体制をつくることが目的である。

そうした登録に際しては、庇護申請者が最初に入国した国の努力が必要とされている。だが、欧州北部の国や内陸国からの援助なしには、EUの前線国家がこれらの登録手続きを行う動機が高まることにはならない。前線国家は、時と場合によっては、庇護申請を審査する責任を避けようとするかもしれない。

三つ目として、現在のEUの領域外での難民審査活動や、彼ら難民を「安全な第三国」へ送り返す政策を継続する必要性が説かれている。しかしそのことは、EU以外の国へ問題を転嫁することになり、EUが国境管理の強い意思表明をしても、他国が人道的な保護に乗り出さない怖れが残るという重要な欠点がある。

最後に新協定案では、海上での移民の生命を救うという、探索・救護活動の重要性に大きな注意をはらっている。しかしこの人道義務の確認にあたり、前線の沿岸国における排外主義者の宣伝に対して効果的に反論していない。海上での救護活動は、陸上での国境管理より費用が高く、継続的な実施は現実的に困難である。協定案が認めるように、島嶼の小国、キプロスやマルタには、そうした活動に用いられる経費の負担が大きすぎる。だが、これらの国はこれまで、人口に比し最大の庇護申請者数を記録し続けている。

新協定の提案は、欧州での真に人間的で、十分に機能する「移住と庇護」制度の確立のために、今後も熟考が必要だし、実施にいたるまでには、まだまだ前途多難で、複雑な道程が予想される。だが、それでも遅滞できない現実がある以上、努力の必要があるのもまた確かな事実である。協定案をめぐり提案された内容は、今後も継続して審議され交渉されることになっている。ＥＵ内で妥協して合意にいたるべき、現実的な出発点であることは確かである。

さらに付け加えれば、難民危機という事態への対応においては、そのうち「通常の状態」に戻るという非現実的な考えを前提にするよりも、不協和音をかかえこみながらも適応に努力し、各国の政治指導者が意見や立場の違いをどのように乗り越えて、ともに支援的な関係をつくれるかが重要である。

あるドイツの哲学者は言う。「人は普遍的な権利を根底にもっている。世界では文化という名前で、その上が覆われている。ドイツに来たシリア難民を歓迎する人もいたが、人々は歓迎や同情の対象であるばかりではなく、権利をもっていて、それは当然のことなのだ」

現在、一部の人々（難民認定をされた人々）には保護が与えられるが、しかしその反面で、他の多くの人々が排除されている。そうした事態を、今後とも継続するのか、それとも尊厳の平等を確かなものにし、難民条約発効以来の人道主義を改めて尊重するのかという問題がある。後者のためには、国際保護制度をもう一度見直し、創造し直す必要がある。

二〇一六年以来の「難民危機」が世界では継続的に進行しているにもかかわらず、グローバル難民制度のガバナンス上で、難民の人権を意味ある形で尊重しようとする精神は、現状を見る限り、確立した基準とはなっていない。

難民のなかには、自らの経験を踏まえて難民研究に参加し、援助活動にも参加している人がいる。彼らは危機に際して「人間にどういう行動ができるか」という、これまで私たちに欠けていた分野の問いに、新たな知識をもたらしている。

今や難民の「回復力」と「自立」の重要性が国際社会で喧伝され、一層重要視されるようになってきている。国際社会によってつくられる国家の利害を超えた政策を、人間移動の危機のインパクトに対応すべく、ローカルな現場での具体的な行動にどのように転換できるかが、喫緊の課題として浮上してきている。

本書の出版では、明石書店編集部長の赤瀬智彦氏に大変お世話になった。氏にはテーマの重要性を真摯にご理解いただき、難民関係の難解な用語と語句をつとめて咀嚼し、平易な表現に改めていただいた。その多大なるご尽力に対し、記して厚く感謝申し上げたい。

二〇二三年一月

著者

【し】

【す】

【せ】

索　引

著者略歴

小泉康一（こいずみ・こういち）

大東文化大学名誉教授。専攻、難民・強制移動研究。1973 年東京外国語大学卒業、1977 年同大学院修士課程修了。その後、国連難民高等弁務官事務所（UNHCR）タイ駐在プログラム・オフィサー、英オックスフォード大学難民研究所客員研究員、スイス・ジュネーヴ大学国際関係高等研究所客員研究員、 大東文化大学国際関係学部教授などを経て、同大学名誉教授。著書に『彷徨するグローバル難民政策――「人道主義」の政治と倫理』（日本評論社）、『変貌する「難民」と崩壊する国際人道制度――21 世紀における難民・強制移動研究の分析枠組み』（ナカニシヤ出版）ほか。編著に『「難民」をどう捉えるか――難民・強制移動研究の理論と方法』（慶應義塾大学出版会）ほか、がある。

「難民」とは誰か――本質的理解のための34の論点

2023年3月30日　初版第1刷発行

著　者――小泉康一
発行者――大江道雅
発行所――株式会社 明石書店
101-0021 東京都千代田区外神田 6-9-5
電話 03-5818-1171
FAX 03-5818-1174
振替 00100-7-24505
https://www.akashi.co.jp
装　丁――間村俊一
印刷／製本――モリモト印刷株式会社
ISBN 978-4-7503-5540-5
（定価はカバーに表示してあります）